亚瑟·艾里克森
ARTHUR ERICKSON

王真　著
STEVEN ZHEN WANG

中国建筑工业出版社
CHINA ARCHITECTURE & BUILDING PRESS

图书在版编目（CIP）数据

亚瑟·艾里克森／王真著. 北京：中国建筑工业出版社，2006
ISBN 7-112-08774-0

Ⅰ.亚... Ⅱ.王... Ⅲ.①艾里克森－生平事迹 ②建筑设计－作品集－加拿大－现代 Ⅳ.K837.116.16 ②TU206

中国版本图书馆CIP数据核字（2006）第111408号

责任编辑：张　建
版式设计：张　建
责任设计：崔兰萍
责任校对：邵鸣军　关　健

亚瑟·艾里克森
王真　著
＊
中国建筑工业出版社出版、发行（北京西郊百万庄）
新华书店经销
北京嘉泰利德公司制版
北京盛通彩色印刷有限公司印刷
＊
开本：889×1194毫米　1/20　印张：12 2/5　字数：365千字
2006年10月第一版　2006年10月第一次印刷
印数：1—2000册　定价：98.00元
ISBN 7-112-08774-0
(15438)

本社网址：http://www.cabp.com.cn
网上书店：http://www.china-building.com.cn

亚瑟·艾里克森在办公室
摄影：Nicole Milkovich

1924年生于温哥华的亚瑟·艾里克森（Arthur Erickson）是加拿大现代建筑的代表人物之一，也是将加拿大建筑推向世界的建筑师。作为建筑师，艾里克森获得了加拿大公民最高奖——加拿大勋章和美国建筑师最高奖——美国建筑师学会金奖。与后现代建筑师不同，艾里克森对于古典建筑的学习和借鉴不是表面化的使用古典建筑的符号，而是更深层次上研究古典建筑的内涵，包括空间、景观和其他建筑综合的体验。艾里克森的足迹涉及几乎世界上很多国家，他的建筑生涯与不间断的旅行和对不同地域的建筑的体验息息相关。包括以中国为代表的远东国家的建筑文化对于艾里克森的影响是巨大的。作为建筑空间和景观大师，他将多元化的古典建筑精华加以演绎使其成为当代建筑的设计手法，这一点对世界建筑的贡献是重大的。对于中国建筑师来说，艾里克森的作品反映出的空间以及景观设计的概念更有启发性。

作为第一本专门介绍艾里克森及其建筑的中文专业书籍，本书收录了艾里克森36个重要的建筑作品，每一个建筑都有详细的介绍，精心挑选的构思草图和图片。很多介绍和文字都是在与艾里克森本人及与其相关的人士共同研究下完成的。所有艾里克森的杰作，包括罗宾逊广场、西蒙菲莎大学、人类学博物馆以及加拿大驻美国大使馆，甚至最新的杰作玻璃博物馆也收录在内。本书对于建筑师，建筑学院学生以及其他建筑业从业人士都是必不可少的工具书。

To Gord

目 录

亚瑟·艾里克森和加拿大西岸派建筑

加拿大现代建筑中以温哥华为中心的不列颠哥伦比亚省的西岸派建筑最具代表性。加拿大西岸派建筑是对国际化建筑的挑战和反思，反对现代建筑中的形式化、制度化和非人文主义的成分。"人"作为建筑设计的最主要的"客户"得到充分的重视。强调建筑环境和景观的和谐，绿化景观设计在建筑设计中的重要性是前所未有的。不列颠哥伦比亚大学建筑系的创办者以及第一届（1946–1961）建筑学系主任弗雷德里克·拉塞尔（Frederic Lasserre）在总结温哥华的现代建筑时总结说："在新建筑技术和新的建筑思潮的影响下，不列颠哥伦比亚在创造自己的建筑风格。这种创造是利用国际化建筑的经验去创造适应本土的建筑。这种创造可以适用于建筑物的各个方面。"[1]

19世纪20年代，现代建筑主义进入加拿大的时候，就是以一种从社会学的角度解决建筑问题的模式，而不是一种武断专横的面目出现的模式化的形式。相对于北美的其他城市，当时的温哥华是一个远离大西洋欧洲文明圈平静的小城市，有适宜人居住的温和气候以及壮美的自然景观。与蒙特利尔和多伦多不同的是温哥华的历史更短，除了当地的土著文化之外，其他文化包括建筑和社会背景的矛盾冲突也同样温和，不显著。现代建筑对于温哥华这个"小城市"来说仅仅是一种新的建筑形态，而没有更多的政治和社会因素，这一点与北美东岸其他历史较为悠久的城市截然不同。[2]

1
1972年2月号"时代周刊"作为加拿大杰出建筑帅的艾里克森成为封面

二战后温哥华繁荣的经济促使这种新的建筑主张得到了充分实践。虽然，这种新的建筑主张——区域性现代建筑主义或者西岸派——在相当程度上保留了移民的文化和当地的传统，但是这种保留是肤浅而且脆弱的，更直接的关系是建立在温哥华自然景观和气候的基础上的。温哥华位于北美海岸山脉的菲沙河谷的入海口的低陆平原区内。高大的北岸山脉阻挡了来自北方的寒冷气流，使温哥华成为一个冬无寒冬，夏无酷暑的适宜居住的城市。温哥华，特别是西温哥华和北温哥华独特的地理位置，使其拥有大量的居住用地可以眺望高大的北岸山脉或者是带来太平洋暖流的乔治海湾。

亚瑟·艾里克森是加拿大西岸派建筑师中最有代表性的一个，同时也是第一个将加拿大建筑界推向世界的加拿大建筑师。亚瑟·艾里克森的成名作西蒙菲沙大学被认为是西岸派建筑被世界建筑界认同的标志。在很长的一段时间内，艾里克森代表着整个加拿大建筑界。鉴于艾里克森对于建筑界的贡献，1973年，他被授予加拿大公民最高奖——加拿大勋章。1986年，美国建筑师学会授予艾里克森美国建筑师最高奖——美国建筑师学会金奖。由20世纪70年代中期起，亚瑟·艾里克森的建筑由不列颠哥伦比亚省，扩张到世界的范围：加拿大东岸、美国、欧洲以及中东地区（图**1**）。[3]

亚瑟·艾里克森毕业于麦吉尔大学建筑系（School of Architecture, McGill University）。麦吉尔大学建筑系在加拿大甚至整个西方建筑界都具有相当地位，走在建筑界的前端。加拿大建筑的发展与位于北美东岸的大学，特别是麦吉尔大学建筑系学生的活动有很大的关系。在不列颠哥伦比亚大学建筑学院于1946年成立之前，作为加拿大最早成立也是最有影响以英语为主的大学，麦吉尔大学建筑系培养出众多的不列颠哥伦比亚省的建筑师。20世纪20、30年代的麦吉尔大学建筑系的学术氛围具有革新以及反传统的一面。历史上麦吉尔大学建筑系有两次影响深远的"学生反叛"。1938年麦吉尔大学建筑系的学生自发反对学院派建筑传统的运动，主张新的建筑思潮——现代建筑。这次学术上的背叛是现代建筑在加拿大广泛传播的宣言。然而，1961年，麦吉尔大学建筑系的学生又发起了新的学术上的背叛，这一次的目标是现代建筑。[4]对于众多的年轻建筑师来说，位于北美洲西岸的温哥华不仅是一个新兴的建筑市场，而且宽松的自然和人文环境也是施展抱负的理想场所。艾里克森的第一个建筑设计伙伴乔治·梅斯毕业于哈佛大学设计学院，与艾里克森在温哥华相遇，因为相近的建筑理想、理念而成为设计合伙人。西蒙菲沙大学是艾里克森—梅斯建筑事务所的第一个大型设计项目。[5]在此之前，艾里克森—梅斯的建筑设计经验仅是小型的住宅建筑。艾里克森和梅斯成功的建筑经历也是当时众多毕业于北美东岸建筑名校的年轻建筑师的榜样和追求的目标。

西方建筑界对于艾里克森的评价是多样的，有时候甚至是迥然不同的。但是总的来说，人对建筑物的感受以及人、建筑物和环境之间的交流是艾里克森作品所表现的。艾里克森和他的建筑一样单纯而质朴。人作为建筑物最基本的使用者，在艾里克森的作品中被进一步强调，没有花哨的形体造型，甚至没有太多的装饰，艾里克森的大部分作品是由质感亲切的建筑材料和丰富的景观构件组成的序列化的趣味空间。

艾里克森对于建筑的解释和态度是鲜明的："当我被问到，什么是建筑？我的惟一答案是：应该先问问你自己，这个答案将会用一生的时间去寻找。建筑需要很多方面的技能。建筑是一种艺术，而且超越了实用性和表演性，达到表现艺术的领域。作为一种传达信息的形式，建筑是传递信息的一种语言。古老的建筑传达的信息很清晰，教堂、宫殿之类的建筑物表达出人类的智慧、壮观和能力。在未受城市化影响的偏远山村，这种人工与环境的结合仍然可以感受到。然而，在城市化的区域内，建筑师屈服于技术的要求，迷惑于价值和我们自己。办公建筑、实验建筑、或者学校建筑中，旧式的信息不再表达出来，而是以一种新的面貌出现。对于我来说，建筑师的工作不是侧重于为形式，而置功能性于不顾地去创造优美壮观的建筑物，而是提出对于我们的建筑和环境一种新的理解。"[6]

艾里克森认为，建筑是有生命的部件组合的综合体，将特定的场所、光线、韵律、空间由建筑的使用者的感观联系带入一种有创意的过程之中。建筑物从来都不是一个简单而且片面的事物，建筑物现场最终的效果是建筑师所追求的目标，而不是花哨的理论和形式。艾里克森对于韵律的解释是："以建筑构件的空间、结构系统、楼梯、平台和窗户开口等建筑构件组成的一种节奏。"[7]这种空间的节奏对艾里克森的建筑设计是至关重要的，"如同旋律对于音乐家，形式对于雕塑家。"几乎所有艾里克森的建筑物都是强调空间与空间的关系，强调人作为一个使用者对于这些空间的感知和品味。这些独特的建筑体验来自于艾里克森的亲身体验：作为一个建筑师，艾里克森的旅行几乎遍及世界上每一个国家，其中包括中国和其他东南亚国家。"想成为建筑师，最好的建筑学校是旅行，而不是在任何一所建筑学校。"[8]

位于不列颠哥伦比亚大学校园内的人类学博物馆的主入口空间设计，充分体现出艾里克森对建筑空间组合的理念——通过对光线、尺度和展品安排的组合设计，引导参观者经历了从半明半暗的入口到相对黑暗的展厅过道，再进一步进入完全光明的主展厅的空间序列。（图2、图3）艾里克森认为最丰富的建筑设计资源可以形容为建筑物和场地的一种对话，建筑现场的光线将最终决定建筑的形式和风格。艾里克森在人类学博物馆所展示出来对空间语言的运用在西方建筑界是非常独特的。建筑上，艾里克森追求一种独一无二的空间效果，这也是他从来不重复自己的建筑设计理念的原因之一。不同的空间韵律也表现在众多的居住和公共建筑上，位于西温哥华的GRAHAM住宅，将开阔的海景保留到最后，在经历了一系列相对狭小的空间之后，突然出现的海湾景色显得分外壮观。通过一系列的铺垫，最后的视觉冲击力更加强烈。类似的寻求空间的独特性，通过空间之间的组合增加建筑效果的设计在艾里克森的建筑中十分常见。1967年蒙特利尔世界博览会人与社会馆的无尽的空间形体有明显的南亚木建筑的特点，而1970年大阪世界博览会加拿大馆的建筑空间和造型则借鉴于伊朗传统的镜面建筑。艾里克森强调这种空间上的体验来自于丰富的亲身经历，这也是他注重旅行和对其他建筑文化体验的原因之一。

图2：人类学博物馆的主入口空间是由一个半明半暗的丛林中进入较为狭小通道式的展厅，这使最后的开放式大厅更为开敞明亮。摄影：Steven Zhen Wang

图3：人类学博物馆的通道式的展厅与大厅之间的过渡。摄影：Steven Zhen Wang

对于传统建筑文化的态度，艾里克森是以没有偏见的选择性加以借鉴的。"由于人类的有限的注意力，代表城市发展各个阶段的经典建筑物类型，像音乐和文学一样，也是屈指可数的。这些建筑形态应该被再发掘，重新定义，并以一种对我们当代文化有独特意义的形式表达出来。我相信现代建筑充斥着建筑设备，甚至建筑美学受现代建筑设备左右。以一种新的方式再发掘的经典建筑原型可以给予新的建筑文化借鉴和灵感。这种探索是无止境的，对于每一步的探索都是一种向下一代的传递方式。可以说，任何像是良好的解决方案仅仅是对未来建筑的一种准备。由于人类善变的本性，经典的建筑原型可以接近，但是永远不可能实现。”[9]

总是以一种诗人般的旋律和画家的视角看待建筑设计，艾里克森认为建筑和景观设计的关系是密不可分的：“我总是认为我是一个景观设计师而不是一个建筑师。我总是混淆建筑设计和景观设计，从景观设计的角度去完成建筑设计。”[10]1979年完工的罗宾逊广场是艾里克森与梅斯分开之后的第一个大型建筑项目，建筑的设计实际上是与环境设计同步进行，甚至是超前的。穿越整个建筑物的感觉如同在丛林中行进。整个建筑对公共开放的部分由简单明了的树木植被景观引导，建筑物的存在并没有破坏原有的街道秩序，反而由建筑物上的景观物体丰富了街道作为城市构件的内容。建筑和景观绿化之间的关系是相辅相成的，艾里克森的自用住宅是另一个很好的实例，精心设计的花园使原本自身平庸的住宅建筑显得十分出众（图**4**）。

在更大的尺度上，艾里克森认为理想化的城市是用丰富的城市景观设计将城市转变为适宜人使用的花园，喧闹的机动交通不应该干扰居民的生活。这种花园化的城市设计在位于温哥华市中心不列颠哥伦比亚社区规划中有全面的体现，层次化的交通流线设计将步行为主的海滨边的居住社区与繁忙的城市交通分隔开来。整个社区和城市中心之间存在着安全而且平静的通道。现今，以当时的不列颠哥伦比亚社区为起点的环绕温哥华城市中心的步行海滨环道，因为不受机动车的干扰，吸引着众多的城市居民使用，在晴朗的傍晚海滨环道是温哥华市中心居民最主要的社交场所。大型城市开发项目中位于洛杉矶的加利福尼亚大厦是另一个成功的例子，大厦的景观层被抬高，使用者可以在舞台布景般的花园中享受如沙漠绿洲般的平静。景观层同样预留着与将来相邻街区连接而不受地面层交通干扰的可能性。这正是艾里克森的团队赢得这个长达14年的规划方案的原因之一（图**5**）。

作为一种建筑景观设计的语言，水体在艾里克森的建筑设计中是无处不在的。几乎每一座建筑物都使用水体作为建筑物和景观的语言，艾里克森认为水体的存在是可以改变现场光线的建筑语言。平静的水面可以将建筑的形象带入另一个境界，建筑物在水体中的倒影也是扩展建筑的空

图5：1979年完工的罗宾逊广场是一个巨大的城市花园，公众可以自由地穿越建筑所占据的三个城市街区而不受交通干扰。位于尺度庞大而且明亮的玻璃顶棚之下的不列颠哥伦比亚高等法院公共空间是这个步行路线的终点
摄影：Steven Zhen Wang

图6：虽然是一个临时性建筑物，1970年大阪世界博览会加拿大国家馆的设计中，光线作为建筑设计语言的运用几乎达到极至。加拿大国家馆的建筑得到公众的广泛认可，并且日本建筑师协会记录下了创纪录的参观人数。照片来源：艾里克森建筑设计事务所

图4：艾里克森自用住宅是一个景观改善建筑本身的良好实例。整个室内实际上是一个仓库式的空间，高大的景观植物如同墙体一样围合着整个院落，营造出私密性的室外空间。室内外空间之间的交流是无障碍的。这种空间组合明显有东方院落式建筑的特点
摄影：Geoffrey Erickson

4

5

6

间，将建筑物引入一个虚幻的世界。这一点作为建筑语言的水与玻璃幕墙有相同功能的一面（图6），不过水体的运同没有玻璃幕墙普遍，艾里克森将作为建筑景观语言的水体引入一个新的境界。

水体改变建筑环境的例子很多，最显著的是Eppich一号住宅，原本为垃圾堆填场的用地被很多建筑师认为过于阴暗，而不适宜建造居住建筑。但是艾里克森利用场地内的惟一特征——蜿蜒的小溪，汇聚成一个平静的水池，利用自然光的反射改善现场的光环境。同其他艾里克森的建筑理念的获得途径相同，水体在建筑中的使用来自于传统建筑的体验，特别是中国、日本和其他国家传统建筑水体扩展视觉空间的手法（图**6**）。

水体和玻璃的结合使用，空间相互重叠反射，创造出虚幻的空间是1970年大阪世界博览会加拿大馆吸引创纪录参观者的原因之一。于2002年完工的玻璃博物馆将这种空间表达得淋漓尽致。（图**7**）

Puget 海湾住宅平静的水池与远处的海水，在视觉上融为一体，海与建筑的距离被水池拉近。水体在建筑设计中的功能是多样的，在罗宾逊广场的设计中，水体不仅是景观的语言之一，而且是作为空调系统的热交换的媒介。Napp实验室建筑中，入口的水道的设置是对英国当地人工运河的呼应，也是消防的水源（图**8**、图**9**、图**10**）。

艾里克森不是一个以深奥的理论为装饰的建筑师，绝大多数的建筑设计理念来自于他丰富的旅行经历。对于传统文化的认识和理解并不是停留在肤浅的层次之上，至今，艾里克森仍然对于早期从日本传统园林中体会出东方建筑的哲理——人与自然的和谐共处——的经历津津

乐道。艾里克森对传统建筑中空间概念和空间组合的手法的理解和运用是其他同时代建筑师无法比拟的。对于建筑历史文化的独到见解是艾里克森设计的灵感源泉，他以一种平等的无偏见的态度审视传统，并将其转换为现代建筑的语言。艾里克森的设计理念形成和发展与其所成长的环境有不可分割的联系。

自然环境和家庭的影响

亚瑟·艾里克森1924年生于温哥华。童年在温哥华茂密的丛林中和温暖湿润的太平洋海风中度过。温哥华宜人的气候和良好的自然环境影响了以艾里克森为代表的加拿大一代建筑师的设计理念。艾里克森的父母和祖父母由加拿大内陆草原省份——曼尼托巴省，迁往位于西海岸的温哥华。艾里克森的家庭是加拿大，特别是不列颠哥伦比亚省家庭的一个缩影：众多不同的宗教信仰和种族和谐共存。正是这种宽容的社会环境和对于自由生活的向往促使成千上万的移民涌入加拿大的不列颠哥伦比亚省，这也是以亚瑟·艾里克森为代表的西岸派建筑产生的重要社会背景。实际上，当时温哥华开放的社会环境对残疾的艾里克森的父亲奥斯卡·艾里克森的宽容是艾里克森的母亲麦瑞迪·艾里克森坚持由中心草原搬往西岸的原因。艾里克森夫妇很快的被当地的社区所接受。[11]

艾里克森和其他同时代的建筑师被形容为爬山野营的爱好者，而不是埋没于城市的混凝土丛林之中。对于亚瑟·艾里克森，温哥华美丽的天然树林和山谷如同家庭一样熟悉，这种热情来自于亚瑟·艾里克森的祖母。亚瑟·艾里克森形容其祖母是一个热爱生活，精力充沛的人。长达四五个小时的野外徒步旅行是祖母留给艾里克森兄弟童年最鲜明的回忆。温哥华四面环绕的山脉和

图7：对于Eppich一号住宅来说，水体是住宅的活力来源
摄影：Kristopher Grunert

图8：人类学博物馆的巨型框架构件在水池的倒映之下的虚幻空间
摄影：Christopher Erickson

图9：西蒙菲莎大学学术区四个方向的立面是完全相同的，水池设置以及建筑物的倒影打破了建筑物形象的单调
摄影：Steven Zhen Wang

图10：玻璃博物馆的水池，玻璃雕塑和多变的太平洋海岸的天气都是塑造建筑物形象的语言
摄影：Steven Zhen Wang

海湾可以提供足够的资源去亲近自然，即使是现在，徒步野外旅行仍然是温哥华人至爱的休闲方式之一。

亚瑟·艾里克森形容其父母是热爱生活，而且乐天的典型的加拿大人。亚瑟是奥斯卡·艾里克森和麦瑞迪·艾里克森的长子。生于多伦多的奥斯卡·艾里克森是一个田径运动的爱好者，但是在第一次世界大战中失去了双腿，被一个熟人从战场上救回医院，死里逃生。战争的创伤并没有改变奥斯卡·艾里克森的人生观以及与麦瑞迪·艾里克森的婚约。奥斯卡·艾里克森对于生活的态度和人生观对于亚瑟·艾里克森的影响巨大。[12]

重新学习行走对于奥斯卡·艾里克森是一种考验，但是他从不抱怨这个艰难的过程。亚瑟·艾里克森回忆年少时的家庭生活时，总是强调他母亲希望艾里克森兄弟像正常人一样对待父亲。奥斯卡·艾里克森的生活空间没有因为残疾而缩小，他可以驾驶手动汽车，甚至登上温哥华的陡峭山坡去探寻金矿。直到1965年过世，奥斯卡·艾里克森花费了大量的时间去帮助其他残疾人。

亚瑟·艾里克森不仅继承了父亲对人生豁达的态度和对于生活的热爱，而且也继承了父亲对于艺术的敏锐的感觉。奥斯卡·艾里克森是一个画家，其描绘的主题是自然景观，最常见的对象是花卉。艾里克森家族对于绘画和艺术有着特殊的爱好，包括亚瑟·艾里克森的母亲——麦瑞迪·艾里克森。在加拿大绘画艺术被世界所认同之前，麦瑞迪·艾里克森在20世纪30年代组织了一个年度绘画展览，主题是："你拥有一幅加拿大绘画吗？" 麦瑞迪·艾里克森的工作对于加拿大画家"七人组"（Group Seven）独特的绘画风格成功的被世界绘画界所接受有一定贡献。在奥斯卡·艾里克森去世之后，麦瑞迪·艾里克森甚至自己开始学习绘画。更重要的是艾里克森夫妇与从加拿大东岸移居温哥华的"七人组"中的画家罗伦·哈瑞斯（Lawren Harris），迅速成为朋友。罗伦·哈瑞斯抽象化山水画以及丰富的阅历，对年轻的亚瑟·艾里克森的影响不可磨灭。

在亚瑟·艾里克森的眼中父母是如此的不同：奥斯卡·艾里克森是一个传统的君主主义者，而且被授予英国国王乔治五世的军事十字勋章；但是母亲麦瑞迪·艾里克森则是截然不同的一个人。麦瑞迪·艾里克森尝试了不同的宗教信仰之后，成为了有社会主义倾向的乐观主义者。父母不同的信仰并没有影响到他们的关系，而亚瑟·艾里克森所受到的教育是以基督教信仰为基础的，但是亚瑟·艾里克森很快背叛了所受到的教育，转而跟随母亲相信："所有的事情都是好的。"母亲对于亚瑟·艾里克森的影响是巨大的：继承自母亲的乐天的性格和幽默感帮助亚瑟·艾里克森度过其漫长建筑生涯中的数次难关。[13]

绘画以及其他艺术的影响

与现代派建筑中的其他流派相同，西岸派建筑师与艺术界的关系十分密切。不列颠哥伦比亚西岸派建筑的产生与温哥华艺术家的活动的关系是密切的。不列颠哥伦比亚大学建筑学院的创立和早期温哥华建筑界的关系与温哥华艺术学校的活动密切相关。很多与艾里克森同时代的，以及更早的建筑师同时也是画家或者是艺术品收藏家。艾里克森与温哥华艺术界的紧密关系也与其建筑设计理念的形成密切相关。艾里克森是现代艺术品收藏家和瓷器收藏家，也曾经为成为画家还是建筑师而感到困惑过。与其建筑物一样，造型和质感是艾里克森选择瓷器的标准。

艾里克森对于绘画和艺术的了解和兴趣来自于其父亲奥斯卡·艾里克森。13岁时，亚瑟·艾里克森开始学习绘画，最初的画板是其卧室的墙壁，奥斯卡·艾里克森的颜料变成了花草鱼虫。亚瑟·艾里克森迅速掌握了绘画技巧，进入高中不久，艾里克森赢得第一笔作为画家的收入：一幅为同学母亲绘制的骑马狩猎图赢得了50加元的回报。但是，艾里克森很快改变了绘画风格：抽象化的粉彩风景画成为其描绘的主题。艾里克森对于绘画的敏感很快得到了回报：16岁时，艾里克森的两幅抽象风景画成为温哥华艺术画廊的展品，同时艾里克森也成为画廊最年轻的参展者。[14]

艾里克森建筑作品中所表达出来的建筑物与自然景观之间的关系受到罗伦·哈瑞斯、艾米莉·卡儿等画家的绘画作品影响。对艾里克森影响最巨大的画家是罗伦·哈瑞斯。罗伦·哈瑞斯是加拿大绘画界的代表——"七人组"的重要成员。1939年，在罗伦·哈瑞斯移居温哥华后不久，迅速与艾里克森家族成为朋友。"七人组"是加拿大绘画在世界绘画界的一个流派，也是加拿大绘画的象征。以描绘抽象化的山水景观为主题的绘画在艺术界独树一帜，现在一幅"七人组"绘画的精品的售价可以有数百万美金之巨。罗伦·哈瑞斯的绘画中常见的是高耸的山脉，平静的湖泊和四季变换的自然景观。倒映在纯净的高山湖中皑皑的雪山被抽象化，众多的繁复细节被淡化，所有的是对视觉冲击强烈的形体造型和对比鲜明的颜色。这似乎也是艾里克森建筑作品中所表达出来的。加拿大特别是温哥华地区的高山和湖泊是罗伦·哈瑞斯描绘的主题。艾里克森及其家庭和罗伦·哈瑞斯的关系密切，从罗伦·哈瑞斯所得到的不仅是绘画的知识和技巧，更多的是一种对生活和艺术的态度和方式。另一位画家艾米莉·卡儿对艾里克森有相当的影响。与众多的加拿大西海岸艺术家一样，在被艺术界认同之前，艾米莉·卡儿居住在温哥华岛的棚户区内，生活拮据。艾米莉·卡儿的绘画主题同样是自然山水，但是与罗伦·哈瑞斯不同的是艾米莉·卡儿大量描绘的是抽象化的森林植物。艾里克森对于艾米莉·卡儿的绘画和艺术感染力十分欣赏，如今艾米莉·卡儿的绘画是收藏家的至爱，作品的拍卖价以百万美金计算（图**11**）。

多元化建筑文化的影响

对于不同文化和建筑的热爱，促使艾里克森成为不间断的旅行者。对不同建筑，文化和人文历史的探索是艾里克森终生的消遣。从1965年起，艾里克森没有在同一个地方停留超过十天。

11

图11：罗伦·哈瑞斯的绘画所描绘的大部分是抽象化的自然山水，这在当时的西方绘画界独树一帜。艾里克森和罗伦·哈瑞斯的关系可以追溯到20世纪30年代

亚瑟·艾里克森对于外来建筑文化的吸收和理解是独特的而且全面的。艾里克森主张建筑师停止形式化的思维方式，而是以一种漂浮的，无偏激的思维方式，无条件的接受所有的信息。以一种近似中国道家的方式解释："只有空的容器才能装得进东西。"正是因为这一点，艾里克森从来不重复自己，每一次创作都是对建筑的再一次理解和新的体验。"原创性"是艾里克森的长达半个世纪建筑生涯中仍然在追求的。[15]

首先，艾里克森对于北美文化和建筑文化的态度是否定的，"北美是在一个原始的文化阶段，因为文化需几百年的时间去创造。我很幸运，因为我在没有文化的加拿大观察世界。当有一个类似大学，法院或者博物馆的工程时，我可以不局限于北美的建筑模式，因为，我知道在牛津大学，在开罗清真寺，或者是泰国佛寺的解决方案。我可以说，什么至关重要？我怎样可以提炼净化适应今天的建筑？"[16]

在众多的公开场合，艾里克森大胆的表达对以美国为代表的西方当代建筑文化的否定态度，这曾经使其倍受争议。他最具有代表性的演讲为1972年对加拿大银行家协会，以及1978年10月在墨西哥世界建筑师大会上。在这两次演讲中，艾里克森以旅游业建筑为对象对于以资本主义为基础的现代建筑作了严厉的批判。在1972年的演讲中，艾里克森面对加拿大银行家协会会员，评价西方旅游业价值观是对于原有的文化价值的摧毁。他说到："西方旅游业者的自我膨胀，使他们失去判断事物的能力，认为古代文化是一种未开化的表现，现在的传统是没有未来的。"艾里克森以两个实例抨击世界的银行业：建造于阿富汗的巨型旅馆极大地损害了建筑的场地——世界上最美丽的峡谷之一；以及建造于印度尼西亚巴厘岛的三千个房间的巨型旅馆对当地造成的毁灭性的冲击。"银行不应该只考虑到经济的效益，而应该关注可能的严重后果，也许有一天，这些毁灭性的后果会被认为是一种犯罪。"艾里克森担心这个演讲的后果会成为一场灾难，但是当完成演讲后，艾里克森得到了热烈的掌声。艾里克森的勇敢得到了回报，加拿大银行家协会会员发表了这个演讲，并且授予他1972年最佳演讲的荣誉。[17]

1978年10月墨西哥世界建筑师大会上，艾里克森再度抨击旅游业建筑："像蝗虫一样蜂涌而至，破坏，然后无耻的离开，留下愤怒发泄后的废墟。"阿富汗和巴厘岛再一次成为反面实例。他认为这种破坏是建筑师和投资商结合，有预谋的阴谋，当旅馆空置率上升，环境被破坏后，另一块处女地将被开发。在演讲中，艾里克森对于以美国为代表的城市扩张加以批判：20世纪60、70年代，美国城市的无限制的扩张，造就了众多的无名的城市。这种无秩序无限制的毁灭性的扩张正在成为世界范围内的模式。[18]

对于北美之外的文化和建筑的认识来自于艾里克森似乎从未停止的旅行探险。1951年，在由温哥华返回蒙特利尔的途中，艾里克森第一次拜访了赖特和东塔里埃森（Taliesin East）——赖特的工作室。赖特给年轻的艾里克森一个为其工作的邀请。但是返回麦吉尔大学后，一个旅行的奖学金使艾里克森放弃了为赖特工作的机会。长达两年半的旅行完全开阔了艾里克森作为建筑师的眼界，在麦吉尔大学接触到的"传统"的现代建筑的理论在历史传统建筑的强烈震撼下动摇了。艾里克森的西方建筑旅行开始于中东，依次环游希腊、意大利、法国、西班牙，最后在英国和北欧结束。[19]在1988年，艾里克森谈及这次旅行对其建筑理念的冲击时说："在这些（现代建筑）形态化的年代里，我确认我在学校所学到的历史是如此被扭曲了。历史不是关于战争和政治，可以被任意更改以适应眼前的需求，而是关于人类的伟大冒险精神。"[20] 1974年，艾里克森在伊朗举行的国际建筑研讨会上，建议第三世界国家保护本土文化，抵制以高速公路和高层建筑为代表的西方建筑，以及"其他西方建筑中被淘汰，又从下水道的文化污染返回的糟粕。"1975年，在西班牙马德里举行的世界建筑师大会上，艾里克森宣称西方的建筑技术令人窒息，并且祈求建筑师采用与自身独有的传统文化相适应的城市形态，而不是简单的跟随模仿西方建筑。[21]

众多的传统建筑文化都对艾里克森的设计产生过影响，包括中东和欧洲的建筑，但是以日本、中国、东南亚为代表的东方建筑文化是亚瑟·艾里克森设计理论的主要源泉。艾里克森对于外来文化的兼收并蓄，同时也是加拿大作为一个国家的民族特征。最初的影响来自艾里克森的祖母，她总是向年轻的艾里克森兄弟描述她在曼尼托巴省的生活。作为少数的白人居民，艾里克森的祖母经常与当地的印第安人交易货品。她总是告诉艾里克森兄弟，如果她有选择她宁愿是一个印第安人，或者是吉普赛人，因为他们更自由，与自然更亲近。对于大多数的加拿大人，她的人生观很具有代表性。加拿大的移民文化不是强调冒险和创造财富，追求事业和金钱上的成功，而更多的是寻求一种自由、自然不受约束的生活方式，这一点对于加拿大西海岸的居民尤为重要。

艾里克森在西方建筑界以受到日本中国等东方建筑文化的影响而众所周知，在众多的公共场合，艾里克森也多次强调多元文化特别是东方建筑文化的影响。用艾里克森自己的语言来说："在日本的旅行之后，日本古典建筑的繁复细节没有改变我运用密斯式的极简结构形式去表达建筑物内涵的方式……关于东西方建筑的区别，最主要的在于人在世界中的位置：在西方的传统中，人是整个世界的中心，但是在东方文化中，人是自然世界的一部分。"[22] 对于艾里克森，东方建筑文化不是如同后现代建筑中符号化建筑语言，而是更深意义上的对建筑空间以及景观设计的探索。早期的Catton住宅明显地受到日本茶室建筑的影响。Puget海湾住宅的洗手间采光通风设计又来自于中国江南古典园林的空间概念（详见Catton住宅和Puget海湾住宅的介绍）。建筑是自然界的一部分，应该与自然界和谐共处而不是凌驾其之上。可以说如果没有多元化的建筑空间体验，特别是东方古典建筑的空间体验，理解艾里克森的建筑几乎是不可能的事。建筑物经常位于场地中最需要改造的部分，而最佳的自然景观则保留，提供给使用者欣赏。艾里克森对于中国文化的第一次亲身体验是1972年，随同当时的加拿大总理也是终身朋友的皮埃尔·特鲁多访华。加拿大总理对于中国的访问是在美国总统尼克松访华之前进行的。艾里克森基于早先对于日本建筑和文化认识的基础上，认为中国传统文化和建筑更为纯净和博大精深。1998年，艾里克森参与深圳会展中心建筑的设计竞赛。出于对建筑设计的热爱，艾里克森坚持参加设计竞赛，而不是以一个评委身份出现。如今，艾里克森仍然频繁地往返于加拿大和中国之间（图**12**、图**13**）。

建筑师的影响

在艾里克森的建筑生涯中受到众多建筑师的影响，早期的B.C.宾宁(B.C.Binning)、理查德·纽特拉(Richard Neutra)、赖特等都对艾里克森有很大的影响。B.C.宾宁是温哥华和加拿大现代建筑的奠基人之一，在加拿大建筑历史上的地位非常重要。20世纪30、40年代在温哥华区域，画家出身的宾宁成功地将现代建筑的形象转化为被公众广泛接受的建筑语言。宾宁的妻子狄安娜·宾宁的父亲曾经作为加拿大驻日本的外交人员而对日本文化有相当的了解。宾宁简洁的现代建筑形态，以及强调室内外的交流的设计手法，显然受到日本以及东方的建筑文化的影响。艾里克森与宾宁夫妇的交往长达数十年之久，至今艾里克森仍然与102岁高龄的狄安娜·宾宁交往紧密。艾里克森对于日本和东方文化和建筑的认识似乎来自于与宾宁夫妇的交往和影响。

20世纪40年代，以美国西岸为基地的建筑师理查德·纽特拉对于温哥华建筑界和艾里克森的影响是无法磨灭的。理查德·纽特拉是奥地利建筑师，在1929年移居美国之后，曾经短暂地服务于赖特的建筑事务所，然后移居西海岸的洛杉矶。多元文化，特别是有丰富的东方文化的洛杉矶环太平洋文化改变了理查德·纽特拉的建筑观，很快地理查德·纽特拉成功地由一个国际风格的建筑师转变为强调环境和建筑关系的加利福尼亚区域化建筑师的风格。理查德·纽特拉建筑风格的转变似乎也证明了现代建筑中东西方建筑文化交流和融合的一面。在加拿大贯穿东西的太平洋铁路通车之前，以温哥华为中心的西海岸与美国的西岸华盛顿州和加利福尼亚州的关系远远比同加拿大两个经济文化中心城市——多伦多以及蒙特利尔的关系紧密。直至今日，仍然如此。不列颠哥伦比亚大学建筑学院的考察地往往首选美国的加利福尼亚的城市——洛杉矶和旧金山市。[23]从20世纪40年代，理查德·纽特拉多次访问温哥华，在不列颠哥伦比亚大学和温哥华市政厅作过多次的演讲。通过当时在不列颠哥伦比亚大学执教的B.C.宾宁，年轻的艾里克森以及另一位与其同时代

12

图12：罗宾逊广场的城市开放广场的坡道和阶梯的组合是对于温哥华山脉的呼应，又直接借鉴于雅典卫城的建筑入口坡道

13

图13：人类学博物馆的巨型框架构件印第安人的传统建筑构件有联系，但是更重要是印第安人对于大自然和人类活动的态度－和谐共处

摄影：Christopher Erickson

的西岸建筑师罗恩·汤姆（Ron Thom）与理查德·纽特拉建立了联系。（图14）理查德·纽特拉的建筑观侧重于强调内外空间的交流和景观在建筑设计中的作用，艾里克森的建筑设计中显然受到理查德·纽特拉的熏陶。年轻的艾里克森曾经向理查德·纽特拉咨询最好的建筑学院学习建筑设计，理查德·纽特拉推荐了麻省理工学院，艾里克森选择了麦吉尔大学。经过了近60年的建筑经验，艾里克森再一次在公开场合明确地表明："最好的建筑学校是坐上飞机去旅行。"

赖特对艾里克森的影响是巨大的，一幅东塔里埃森的照片是艾里克森决定成为建筑师的直接原因。在很多的公开场合，艾里克森是以赖特的学生自居的，很多人甚至认为艾里克森是加拿大的赖特。艾里克森明显地受到了赖特的多元化建筑文化和有机建筑理论的巨大影响。更为重要的是，作为北美本土建筑师，赖特和艾里克森都在寻找和试图建立作为新大陆的北美洲的文化。外来文化对于北美洲文化的影响是不可避免的，也是至关重要的，但是如何对待这种外来建筑文化，赖特和艾里克森似乎演示了一条正确的道路。

注释

1 UP NORTH
2 THE NEW SPIRIT: MODERN ARCHITECTURE IN VANCOUVER
3 Erickson Seven Stones
4 THE NEW SPIRIT: MODERN ARCHITECTURE IN VANCOUVER
5 Seven Stones
6 THE ARCHITECTURE OF ARTHUR ERICKSON 1988
7 THE ARCHITECTURE OF ARTHUR ERICKSON 1975
8 THE ARCHITECTURE OF ARTHUR ERICKSON 1975
9 THE ARCHITECTURE OF ARTHUR ERICKSON 1975
10 THE ARCHITECTURE OF ARTHUR ERICKSON 1988
11 Seven Stones
12 Seven Stones
13 Seven Stones
14 Seven Stones
15 THE ARCHITECTURE OF ARTHUR ERICKSON 1988
16 Seven Stones
17 Seven Stones
18 Seven Stones
19 Seven Stones
20 THE ARCHITECTURE OF ARTHUR ERICKSON 1988
21 Seven Stones
22 THE ARCHITECTURE OF ARTHUR ERICKSON 1988
23 UP NORTH THE ARCHITECTURE OF ARTHUR ERICKSON 1988

图14：位于温哥华的某游泳池以及景观设计是艾里克森和罗恩·汤姆的合作作品。不过艾里克森是作为景观设计师
摄影：Geoffrey Erickson

Rochon, Lisa. *UP NORTH*. Toronto: Key Porter Book Limited, 2004.

Leatherbarrow, David. *Uncommon Ground*. London: The MIT Press, 2000.

Leatherbarrow, David. *Topographical Stories*. Philadephia: University of Pennsylvania Press, 2004.

Lglauer, Edith. *Seven Stones-A PORTRAIT OF ARTHUR ERICKSON, ARCHITECT*. Seattle: University of Washington Press, 1981.

Erickson, Arthur. *THE ARCHITECTURE OF ARTHUR ERICKSON*. New York: HARPER&ROW, PIUBLISHERS, 1988.

Erickson, Arthur. *THE ARCHITECTURE OF ARTHUR ERICKSON*. New York: HARPER&ROW, PIUBLISHERS, 1975.

Liscombe, Rhodri Windsor. *THE NEW SPIRIT: MODERN ARCHITECTURE IN VANCOUVER 1938-1963*. Montreal: Canadian Centre for Architecture, 1997.

Luxton, Donald. *Building the west: the early architects of British Columbia*. Vancouver: Talonbooks, 2003.

Ricketts, Shannon and Leslie Maitland and Jacqueline Hucker. *A guide to Canadian architectural*. Peterborough, Broadview Press, LTD, 2004.

Livesey, Graham and Michael McMordle and Geoffrey Simmins. *Twelve Modern Houses 1945-1985*. Calgary: University of Calgary Press, 1995.

DuBois, Macy. "*Erickson*". The Canadian Architect, Nov. (1974): 32-8.

Erickson, Arthur. *THE ROOTS*. The Canadian Architect, Dec. (1966): 28-36.

Tippett, Maria. *BILL REID, THE MAKING OF AN INDIAN*. Toronto: Random House Canada, 2003.

Easton, Valerie and David Laskin. *Artists in their gardens*. Seattle : Sasquatch Books, 2001.

Hillman, James, and Wm. H. Whyte and Arthur Erickson. *The City as Dwelling: Walking, Sitting, Shaping*. Irving: The Center for Civic Leadership, 1980.

Drexler, Arthur, and Thomas S. Hines. *THE ARCHITECTURE OF RICHARD NEUTRA*. New York: The Museum of Modern Art, 1982.

Shapiro, Barbara E. *ARTHUR ERICKSON SELECTED PROJECTS 1971-1985*. New York: the Centre for Inter-American Relations, 1986.

Brown, H. Kendall, and Melba Levick. *Japanese-style Gardens of the Pacific West Coast*. New York: Rizzoli International Publications, Inc., 1999.

西蒙菲沙大学（SFU）

建筑地点：本那比市，不列颠哥伦比亚省，加拿大
建造年代：1963 年至今
建筑规模：16350m²（第一期）
占　　地：404hm²

当我被问到，"什么是建筑？"我的惟一答案是："你应该先问问你自己。这个答案将会用一生的时间去寻找。"建筑需要很多方面的技能。建筑是一种艺术，而且超越了实用性和表演性，达到表现艺术的领域。作为一种传达信息的形式，建筑是传递信息的一种语言。古老的建筑传达的信息很清晰，教堂、宫殿之类的建筑物表达出人类的智慧，表现改变世界的能力。在未受城市化影响的偏远山村，这种人工与环境的结合仍然可以感受到。然而在城市化的区域内，建筑师屈服于技术的要求，迷惑于价值和我们自己。办公建筑、实验建筑或者学校建筑中，旧式

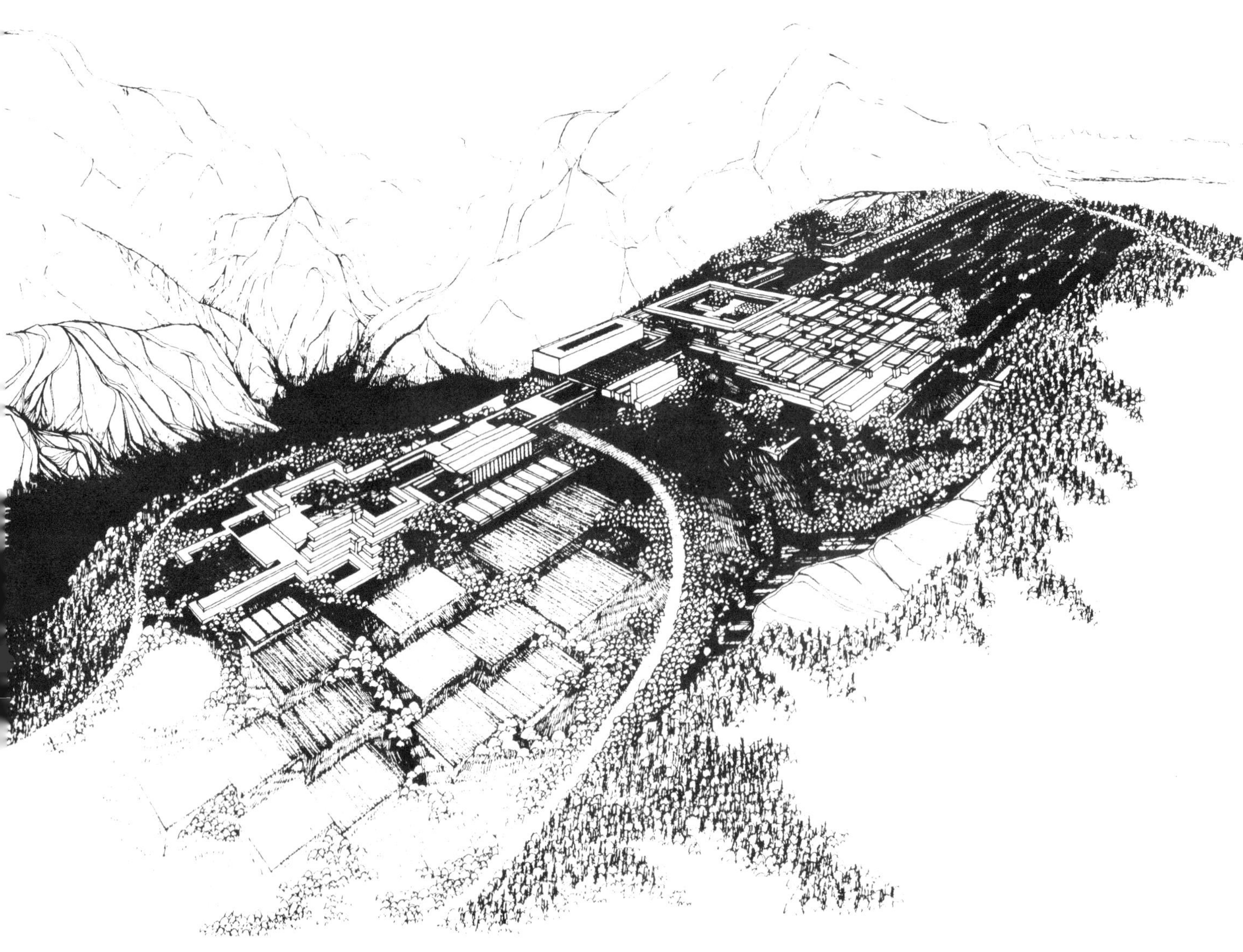

的信息不再表达出来，而是以一种新的面貌出现。对于我来说，建筑师的工作不是侧重于形式而置功能性于不顾地去创造优美壮观的建筑物，而是提出对于我们的建筑和环境一种新的理解。

艾里克森

左页图：设计竞赛获奖方案效果图。进入学校的主干道位于体育馆和社交空间之间。学生宿舍在左侧，教学空间在右上侧。梯田状的操场空间来自于秘鲁、墨西哥等南美古代建筑形式

下图：西蒙菲沙大学校园的焦点——学术四合院。摄影：Steven Zhen Wang

西蒙菲沙大学（简称SFU）校园的规划及建筑设计是1963年加拿大不列颠哥伦比亚省政府新建的SFU校园规划设计竞赛的头奖和实施方案。西蒙菲沙大学校园为艾里克森在国际建筑界赢得了声誉，也是艾里克森辉煌生涯中第一个里程碑式的建筑。仅仅在两年之后，SFU就开放给第一批2000名学生使用。SFU规划设计竞赛的要求包括：教学区（包括办公室）、大教室、500座的多媒体教学中心、实验室、已婚学生和女学生宿舍、水塔和其他辅助设施。规划设计竞赛的过程十分独特，实际上设计竞赛的目标是产生五个建筑事务所，每一个建筑事务所完成SFU校园的建筑设计的一部分，而作为第一名的建筑事务所不仅完成总体规划，而且总体协调和指导所有建筑师的工作。

作为不列颠哥伦比亚大学建筑系教师的艾里克森和当时的合伙人乔治·梅斯以一种崭新的设计理念赢得了SFU校园的设计竞赛。作为艾里克森－梅斯建筑设计事务所的第一个大型设计项目，涉及工作范围包括：总体规划可容纳18000名学生的高等教育设施，协调其他建筑师的工作以及主体建筑和交通中心设计，施工图以及现场施工指导。艾里克森早期的建筑游历的经历在SFU校园设计中有明显的痕迹。雅典卫城和埃及的传统建筑的空间组合在西蒙菲沙大学校园规划及建筑设计被重新演绎，并赋予新的内容。

SFU规划设计的理念在于加强各学科之间的融合，共享空间。传统意义上的学院建筑被划分为几个基本形态，然后再重新组合，而不是各自为政的独立设置，这对其设施的功能的充分发挥十分重要。与其他的大学不同，SFU演绎了一个没有传统界限的建筑，而表达出大学是传播知识的建筑物，一个可以包容人类文化的挑战者和保守派的场所，以及一个交流智慧、精神力量和社会力量的空间场所。SFU的规划设计不是追求一种特别的美学形态，而是追求大学在教育领域的作用和人与人之间的关系，以及更大意义上在文化领域所担当的角色。本着这一理念，SFU所表达的是一种包容无障碍的交流，从而超越一切阻隔，以充分发挥大学对于社会和作为自然场所的独特意义。

SFU位于本那比山的山顶，这对于建筑师是一个挑战。以一种水平的线性模式组合建筑物是适宜的方式。整个校园是以一种水平状态的扩张伸展，

左页图：图书馆和社交文化区的天蓬玻璃。西蒙菲沙大学校园有一条非常明确的中轴线，多层次的步行通道贯穿整个校园建筑。位于最上层的是跨越交通干道的停车库屋顶的平台
摄影：Steven Zhen Wang

右上图：建筑模型。照片来源：艾里克森建筑设计事务所

下图：总平面图
普通零散的大学校园被组合成一个单一的建筑：
学术区：实验室和教室沿着学术四合院布置。
文化区：有顶的大空间，位于图书馆和剧场之间。
入口区：位于中心交通区，设有咖啡店和为学生服务的办公室，并与文化区相邻。
休闲区：以体育馆和有顶的社交空间为中心。
居住区：位于校园的东侧。

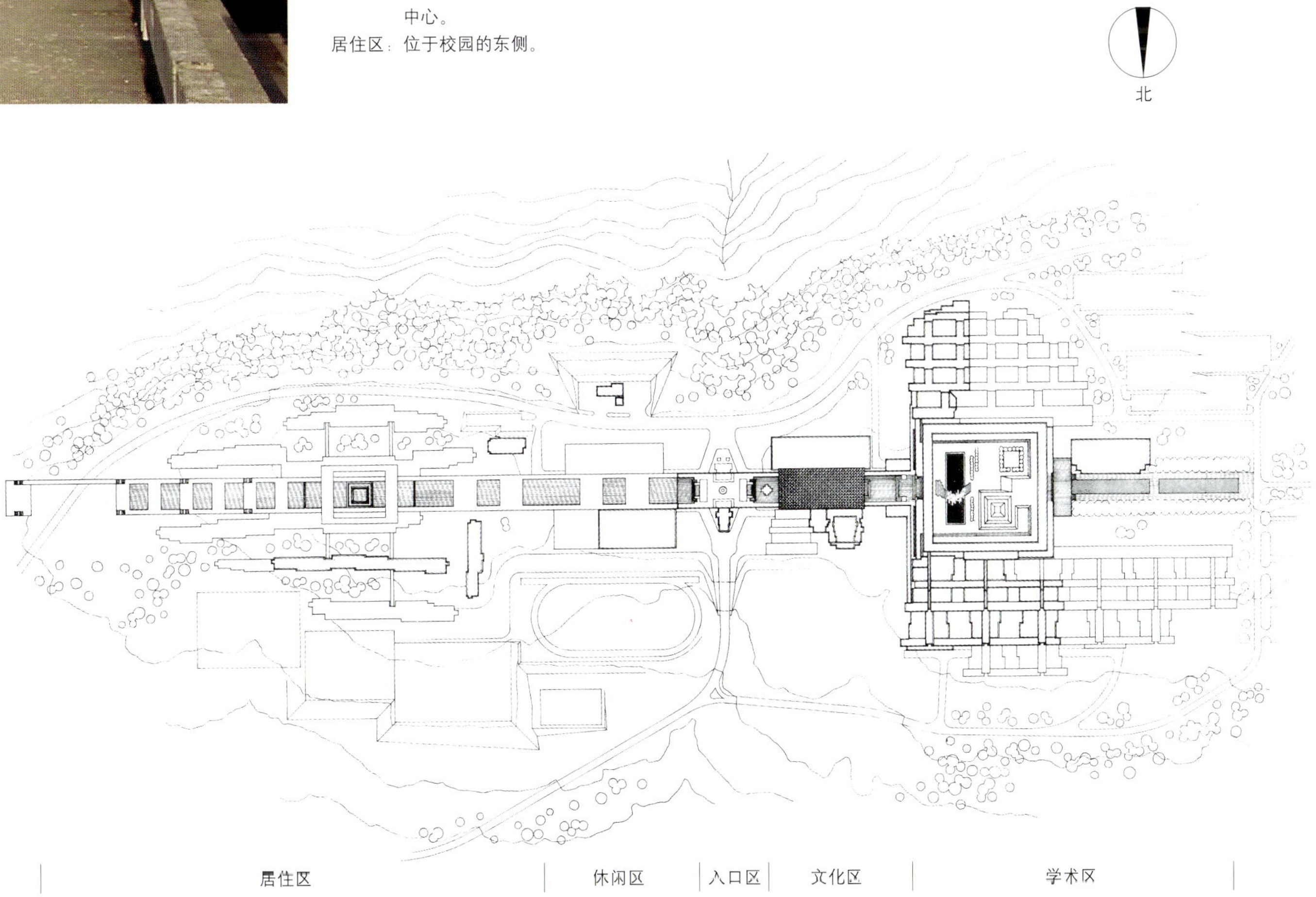

居住区 | 休闲区 | 入口区 | 文化区 | 学术区

而不是竖直的形态与场地相结合，这正是艾里克森的方案与众不同的地方。一个线性的步行构筑物连接着学校的两大功能空间——学术区和社交区，同时这个构筑物也是进入学校其他设施的出入口。整个校园规划是一个没有间隔的单一建筑物。考虑到建筑物未来的扩展，"单一"建筑物的设计理念使建筑物可以沿其边缘扩展，而将影响减到最小。实际上，校园从建校之日起一直在扩建，而主体建筑规划形态仍然保持完好。建筑物沿山顶展开，活动场地

和停车场嵌入山顶台地。这种梯田形的建筑形态是SFU主要的建筑模式。大量小巧的院落沿着建筑主体布置，这正使建筑物与山体景观可以更好的融为一体。

SFU教学区建筑解决方案是以一系列2层的线状建筑为模式，沿山体的形状由主体建筑物向下展开，以梯田状的错层内院和可以使用的屋顶平台相联系。SFU教学主楼以一个线状的脊为主要交通组织要素。脊的上层是以巨大的木材、钢和玻璃为上盖的步行交通空间。下面的两层则是一个停车场，并设有一条平行的货车道，方便货车进入建筑物的各个部分。

进入停车场的出入口位于进入校园的主干道的中心桥下。巨大的桥下空间同样是进出校园的主要公共汽车站。桥下与其四周的部分是学校的交通中心核区域，与上层的步行区以楼梯相连。学生的活动区环绕着交通中心布置，并以此作为大学城的发展中心区域。中心活动区与其他各部分有明显方便的步行通道连接，不仅与必要的服务空间连接，还有不受天气干扰的有顶步行通道。

为了寻找设计的灵感，艾里克森参观研究了不同时期，不同地域的大学建筑。其中包括埃及开罗建于8世纪的AL AZHAR，建于10世纪的BOLO—GNA以及建于13世纪的剑桥和牛津大学。在艾里克森的梦想中，大学是一个轻松的交流场所，学生教师可以在和谐的环境中互动，而不一定是在严肃死板的教室之中。中东的寺庙和古希腊的公共辩论场所是艾里克森心目中的理想教学场所。艾里克森的最终结论是：北美的大学校园的构成是分离的，各个学系是不同的独立建筑物。

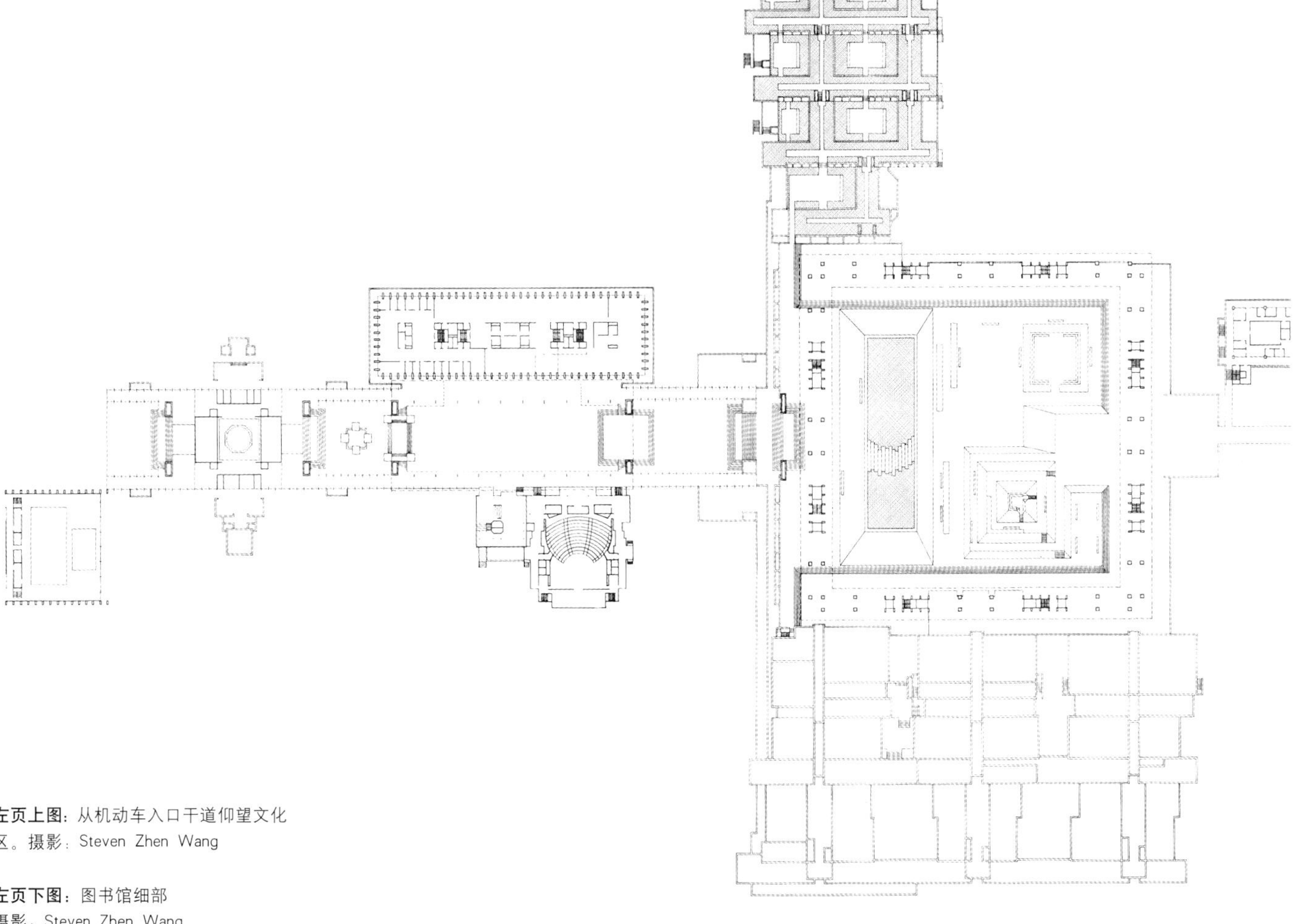

左页上图：从机动车入口干道仰望文化区。摄影：Steven Zhen Wang

左页下图：图书馆细部
摄影：Steven Zhen Wang

上图：学术区和文化区平面图

这一点不论是功能上和象征意义上都与大学本身相矛盾。艾里克森正是考虑到这种偏差，以一种古老的形态表达一个新的理念：新的大学应该是学习的社区。绝大多数北美大学校园是以科系为基础单元的建筑组团。但是每一个不同的科系建筑内的基本组成部分都十分相似：教室、实验室、办公室和休息室。大部分的设施可以拆分成这几种基本的形态，再重新组合以达到更有效的使用这些设施的目标。艾里克森以这种独特的方式组织SFU的校园，创造出大量可以停留的适宜聚会的空间。与传统的大学空间不同的是学习的空间不仅在教室内，而且可以在教室外的很多地方：走廊、图书馆、咖啡座、宿舍，以及其他可以聚会的地方。

学校的社交文化区域自然地位于图书馆之外，所有的公共设施都围绕着这个空间，包括剧场、艺术画廊、书店、酒馆、餐厅、休息室和学生社团等等。这个人流密集的区域以一个巨大的玻璃顶遮盖，以避免受北美西北海岸山脉的雨水侵扰。学生宿舍区、休闲区域与社交文化区以一条跨越道路的人行天桥相连。

与建筑师理想中的传统大

左页图：文化区的玻璃顶棚之下仰望学术四合院。摄影：Steven Zhen Wang

下图：文化区的玻璃顶棚和社交空间
摄影：Steven Zhen Wang

学不同，SFU的主体建筑物位于远离城市中心的山顶之上，建筑地理条件并不优越。SFU始建的年代1963年正是北美城市处于郊区化迅速扩张的时期，社会、政府和建筑师对于城市扩张充满信心。似乎每一个人都认为SFU的主体建筑物很快会被扩张的城市淹没，但是事实却事与愿违。甚至直到现在，如何有效地消除SFU校园位于郊区的孤独感仍然是一个难题。SFU的校园从设计之日起，就是以建造一个成熟的居住、学习和生活的社区为目标的。这个目标直至今日仍然还没有实现。

SFU的校园从建成之日起，一直位于公众视野的焦点之下，并且成为好莱坞电影电视的摄影热门场地。20世纪60年代末的骚乱中，建筑师曾被舆论指责SFU的设计影响学生的行为，造成过多社交，这种建筑的形式应该对学校的骚乱负责。事实与这些指责相反，SFU的建筑对于政治解决事件有帮助。实际上正因为建筑物的设计，SFU的建筑物在骚乱中并没有受到

上图：学术四合院仰视，入口位于整体建筑十分明确的轴线之上。学术四合院的建筑上层空间是更紧密的小型教室，教师和学生的接触更为密切
摄影：Steven Zhen Wang

右页图：四合院是整个建筑群的最高点，入口平台可以远眺环绕四周的群山。摄影：Steven Zhen Wang

损害。1968年，一场超乎寻常的大雪使社交文化区的天棚玻璃碎裂，施工团队曾经备受指责。

1990年，SFU新的总体规划仍然沿用1963年的总体规划思路。截至1990年，校园内有教学区建筑30万m²和5.7万m²供3.2万全日制学生使用的居住区。虽然没有想像中迅速，新的居住社区还是正在本那比山顶逐步建设，以期待吸引更多的居民。

左页及本页图：四合院中央水池。四合院四个立面是完全相同的，为一个完整的正方形。但是迥异的四周环境赋予建筑各个立面不同的内容
摄影：Steven Zhen Wang

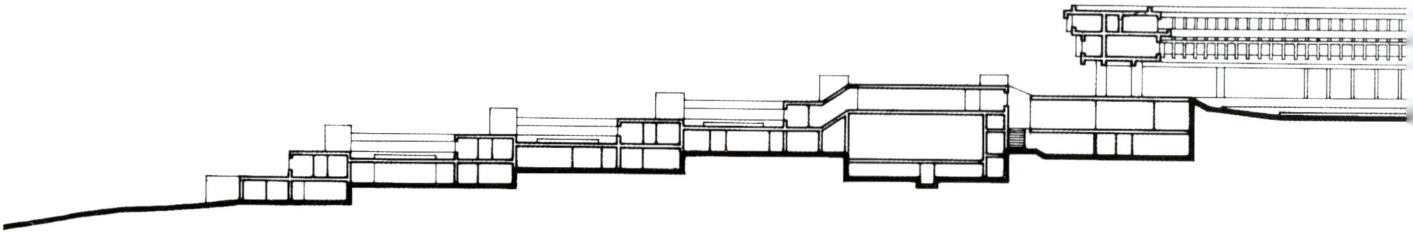

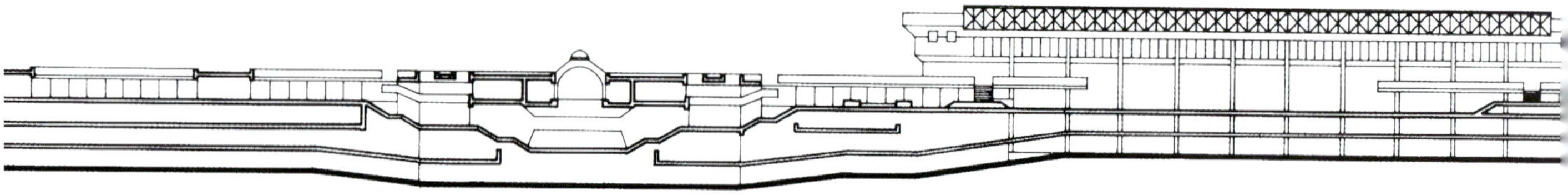

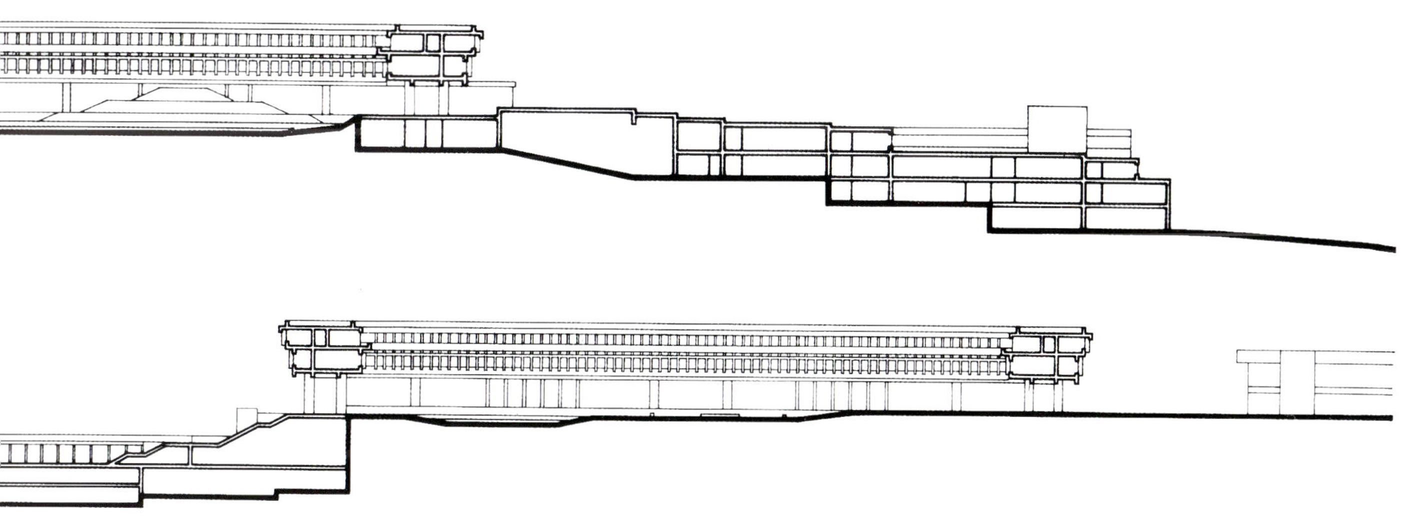

上图：学术四合院的内部

中图：学术四合院、实验室和教室的纵剖面，自然和物理学科区域在右侧，文学和社会学系教学区在左侧

下图：建筑的横剖面，表示出建筑的主体交通流线，从左侧的交通中心到右侧的学术四合院

下图：休闲区位于最上层的停车库屋顶的平台通道
摄影：Steven Zhen Wang

右页图：SFU交通中心的楼梯，公共交通和私家车的接送区，圆形的天窗贯穿上层休息室。照片来源：艾里克森建筑设计事务所

罗宾逊广场

建造地点：温哥华市，不列颠哥伦比亚省，加拿大

建造时间：省政府办公楼 1978 年
不列颠哥伦比亚省高级法院 1979 年
温哥华艺术馆 1983 年

建筑规模：120000m²
其中法院建筑62800m²

"罗宾逊广场是我最好的建筑作品。"

——艾里克森

下图及右页图：平面图以及建筑模型

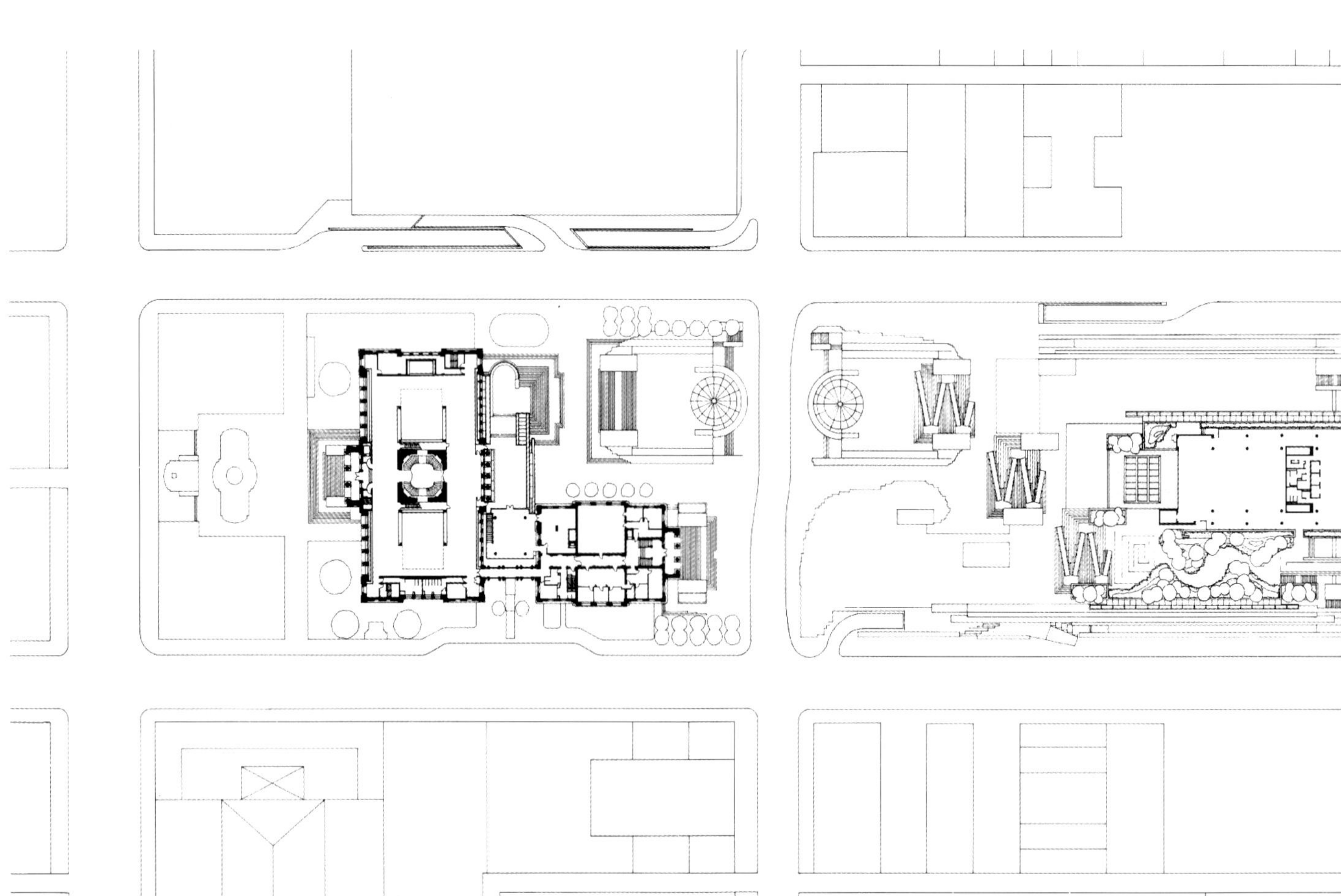

20世纪70年代初，艾里克森与合伙人乔治·梅斯分别成立了自己的建筑设计事务所。罗宾逊广场是艾里克森的第一栋独立完成的大型建筑，这个建筑从建成之日起就是温哥华和不列颠哥伦比亚省的标志建筑之一。由于温哥华的发展的需要，旧的法院建筑设施不敷使用，同样不列颠哥伦比亚省政府雇员需要新的办公设施。位于温哥华市中心的古典式旧的法院建筑物以及与其相邻的两个街区，一共三个完整的街区成为新建筑用地。旧法院建筑完成于1912年，是由建筑师弗兰克斯·拉腾伯格（Francis Rattenburg）设计的典型的古典式司法建筑。

罗宾逊广场主要建筑功能包括：不列颠哥伦比亚省法院，法律中心，可容纳600个政府雇员的政府办公室，公共休闲设施和温哥华惟一的室外溜冰场。罗宾逊广场的功能复杂，其中

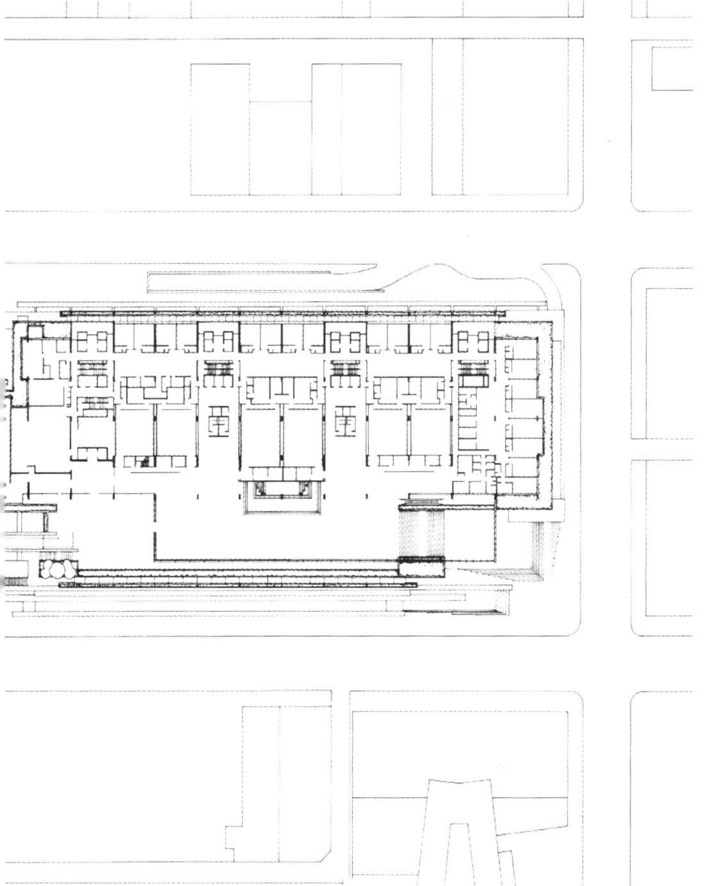

公共休闲设施包括：剧院、商业影院、会议设施、展览空间、两个高档餐厅、一个食品博览会馆、公共休息室和一个开放的城市花园广场。罗宾逊广场的前期项目研究长达14年之久。在艾里克森的方案之前，最突出的方案是由另一位加拿大杰出的西岸建筑师罗恩·汤姆的高层化建筑构想。生于温哥华的罗恩·汤姆（1923－1986）与艾里克森的交往从20世纪30、40年代就已经开始。画家出身的罗恩·汤姆涉及建筑界开始于40年代，甚至早于艾里克森，同样也是加拿大西岸派建筑的创始人之一。他于60年代提出的方案是一栋高达50层的塔楼，大部分的用地是用来营造适宜的城市环境的。在高层建筑横行的20世纪70年代，罗恩·汤姆的高层化建筑构想代表着很多主流化对罗宾逊广场建筑设计的构想。

简单地说，艾里克森的方

案是将罗恩·汤姆的高楼大厦放倒，整个建筑如同树林中横卧的参天巨木。罗宾逊广场建筑的存在不应该成为原有街区的障碍，不应该破坏城市的结构。设计的重点是连接罗宾逊广场的城市花园广场——一个三维立体的空间贯穿整个三个街区。广场的空间由一系列坡道联为一体，由旧法院建筑改建而成的温哥华艺术馆的入口阶梯是这个过道的起点，向下穿过位于温哥华最繁华的商业街罗宾逊街之下的温哥华惟一的室外溜冰场，再向上是坡道与台阶相接合的城市花园，最后在茂密的植被灌木之中的步行天桥的尽端是通透的不列颠哥伦比亚省法院公共大堂入口。这个在高大的玻璃天窗覆盖之下的公共空间是整个罗宾逊广场设计的重点，并且是对公众开放的，整个穿越的路线并没有因此而中断。对于温哥华市中心的居民来说，悠闲的享受罗宾逊广场提供的丰富城市景观和温和的阳光，而不受到城市街道噪声和污染的干扰是一种不可替代的生活方式。艾里克森提出的方案包括在相邻的城市街道禁止非公共交通的一切车辆行驶，但是这个提议没有得到实现。如同一个城市中的绿洲，罗宾逊广场是表现艾里克森对于理想的城市结构构想的代表作品。艾里克森认为

上图：不列颠哥伦比亚省高级法院公共空间的玻璃屋顶以及整个罗宾逊广场鸟瞰。摄影：Geoffrey Erickson

右页图：罗宾逊广场鸟瞰
摄影：Ezra Stoller / ESTO

城市和景观应该是以人为服务对象的花园，城市中的人有享受悠闲生活不受干扰的权力。

在阳光明媚的天气下，罗宾逊广场的花园里坐满了休息的人群，包括游客和上班族。城市花园的内容十分丰富：一个与整个街区相同长度的屋面投影水池，三个人工瀑布，一个步行天桥，一个人工假山，数以百计的树木、灌木丛和其他植物。

罗宾逊广场的景观设计与建筑设计是同步进行的。由于景观设计中大量植物的使用，景观设计师科尼莉亚·哈恩·奥博兰德（Cornelia Hahn Oberlander），艾里克森和温哥华城市规化部门对于这个前所未有的方案花费了大量的时间研究及协调，以保证工程最佳效果。

不列颠哥伦比亚省高级法院是整个建筑中体量最庞大的，

为7层高的建筑。主要组成部分有4个：公共空间、法庭、审判室以及办公和辅助设施。公共空间的设计在整个建筑中的地位十分重要，而且在视觉和空间上与建筑物的其他部分是相连的。最主要的公共空间位于首层大厅的玻璃顶棚之下，是整个建筑的焦点。超过4000m²的巨大体量的透明玻璃体，不仅象征着“公共”的意味，而且透明的体量淡化了法律建筑的严肃性。对于公众来说，亲切的自然光线可以进入公共空间和柔和的出入口设计，不列颠哥伦比亚省高级法院没有其他行政法律建筑的压抑感。玻璃屋面之下的建筑构架，法庭入口

左上及右上图：水体在罗宾逊广场作用不仅是一种景观语言，而且是温度调节的热交换媒介。独特的坡道和阶梯相结合的设计，灵感来自艾里克森早期在希腊雅典卫城的经历。由于工程开始于1973年，艾里克森1972年随同加拿大总理第一次访问中国之后，以北京紫禁城为代表的中国古典建筑的影响也有迹可寻
摄影：Steven Zhen Wang

左下图：位于步行通道天桥之下的法院对外办公出入口
摄影：Steven Zhen Wang

右下图：罗宾逊广场开放的城市公共空间之中的富有现代感的雕塑
摄影：Steven Zhen Wang

的墙体和叠落的公共展览空间，围合明亮的公共活动空间有4500m²，包括抬高的三个展览厅和一系列审判厅的入口，同时这个公共活动空间也是进入法庭的出入口、证人等候区、会谈室和信息发布空间。

整个法院设有35个审判厅，服务各种不同类型的法律案件。位于展览层和上层的法庭用于刑事陪审审判，位于大厅层和下层的则用于民事案件。法庭设计的要素有：安全性的需求要求法院建筑有效地区分不同使用者的活动区域，即明确的公共和隐私区域；着重设计审判庭和公共开放区域，公

下图：贯穿整个罗宾逊广场的步行通道跨越繁忙的城市交通
摄影：Steven Zhen Wang

共空间的设计目标是放松和交流，展览和教育；因法院功能的变迁而具有相当的灵活性。

大部分的政府办公空间位于地下，采用顶部采光由玻璃天窗提供大部分的室内照明。其中的一个天窗和普通采光侧窗甚至位于瀑布之下。水流使进入室内的光线柔和，而没有阳光照射产生的热度。从人行道两侧的树木之间望去，罗宾逊广场是一组尺度亲切的办公室窗户和提供下层办公空间的天窗。

右页上图：法院公共空间位于步行道路的天桥一侧的出入口
摄影：Steven Zhen Wang

右页下图：法院公共空间的玻璃屋顶出入口，也是贯穿整个罗宾逊广场的步行通道终点。摄影：Steven Zhen Wang

本页图：法院公共空间的玻璃顶棚细节。摄影：Steven Zhen Wang

MECH.
CRTRM.
CRTRM.
JUDGES'
CHAMBERS
COURTROOM
CONCOURSE
LAW LIBRARY
OFFICES
OFFICES
PARKING
PARKING
MECH.

剖面图

The Law Courts

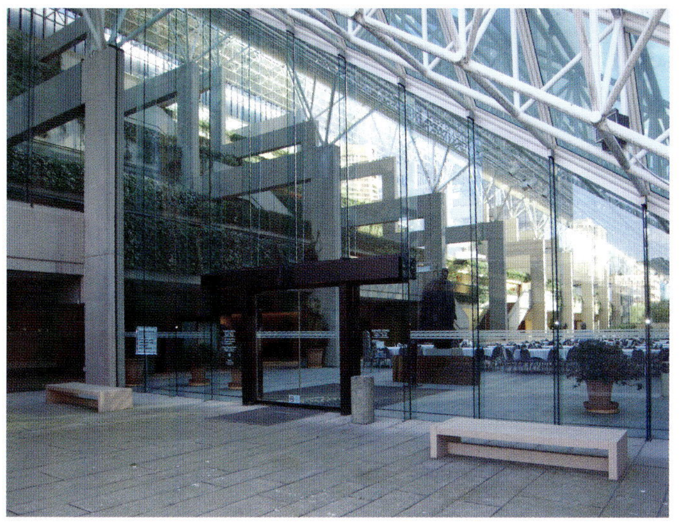

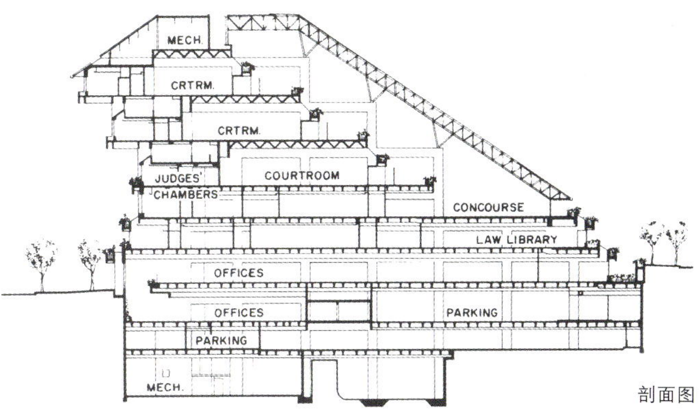

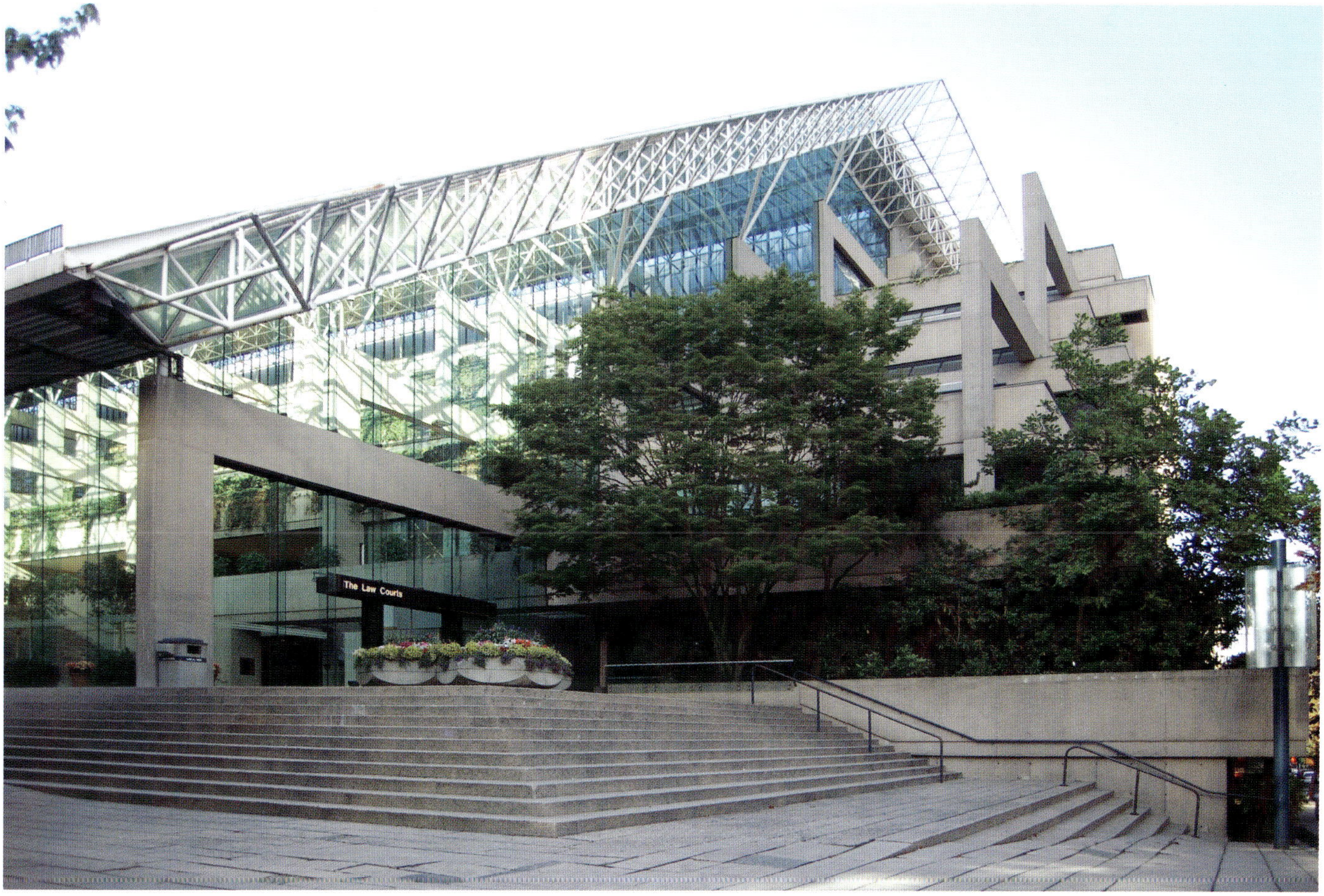

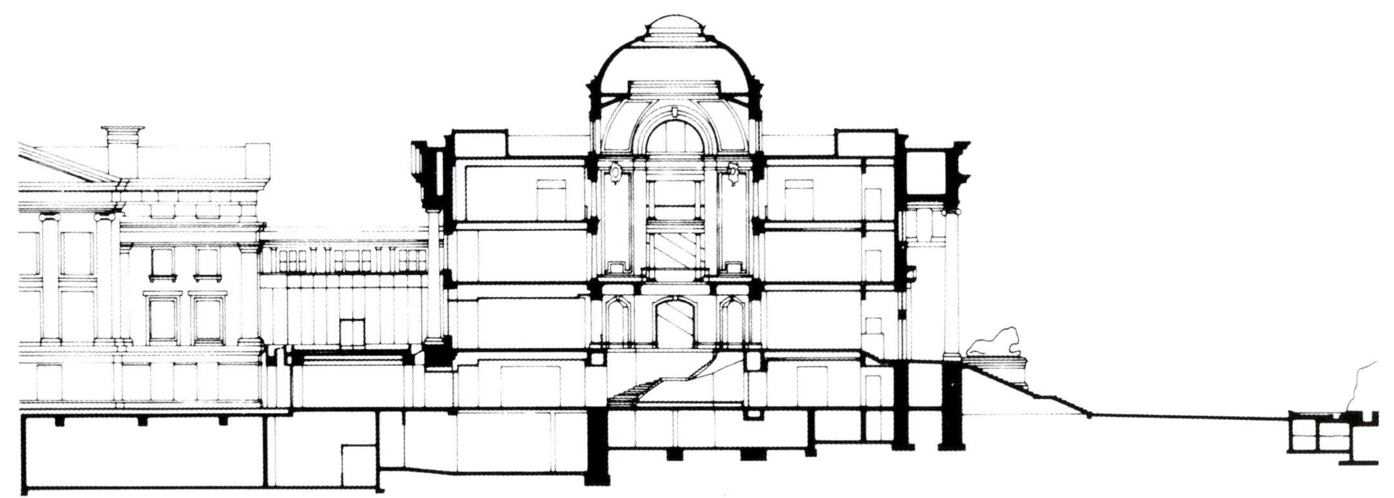

温哥华艺术馆剖面图

建筑对于街道不是以一种居高临下般的压迫，而是以一种亲切的态度对话。摄影：Steven Zhen Wang

整个罗宾逊广场建筑拥有中央电脑控制的温度调节系统、安全保安系统、能量储存器和植物灌溉系统。法院的巨大中庭空间是利用天然温度调节系统的，有效地利用自然的通风采光。机械温度的调节仅使用在围和良好的建筑物其他部分。水体不仅是建筑景观的组成部分，而且是作为温度调节的因素。3800m^{3}的水箱提供给建筑物足够的能量，计算机优化整个以水为媒介的系统。基本原理是冷热不同的水体在自然状况下因密度不同而不相混合：热水在上，冷水在下。670m^{3}的水体组成三个瀑布，由政府大厦的屋面水池为源头，同样的，瀑布的水体也是加温和冷却系统的一部分和消防供水的水源。整个建筑物的外立面是一种特别的混凝土材料，在湿润的空气中，混凝土可以显露出一种温暖的玫瑰色。建筑的铺地材料与墙面材料一致。

在1972年2月《时代周刊》以艾里克森为封面之后，在工程完工之后，杂志专门派遣建筑评论家考察新的罗宾逊广场，并著文赞赏其为原创性的建筑杰作。现在部分的罗宾逊广场成为不列颠哥伦比亚大学的市中心校园。在2005年开始的罗宾逊广场完工后的第一次大规模维修之前，工程咨询了当时的设计师包括艾里克森以及景观设计师科尼莉亚·哈恩·奥博兰德。原有的法院建筑成为温哥华艺术馆。2006年夏天，一个名为"艾里克森重要作品"的展览在温哥华艺术馆举行。

温哥华艺术馆夜景
摄影：Geoffrey Erickson

人类学博物馆

建造地点：不列颠哥伦比亚大学，温哥华市，不列颠哥伦比亚省，加拿大

建筑规模：6100m²（一期），1670m²（二期）

建造时间：1976 年（一期），1981 年（二期）

不列颠哥伦比亚大学人类学博物馆是温哥华市的标志性建筑物之一。1971 年，不列颠哥伦比亚大学的人类学教授安德烈·霍思沃姆（Andrey Hawthorm）和哈里·霍思沃姆（Harry Hawthorm）为了保护和更好地利用不列颠哥伦比亚大学收藏的北美印第安人文化遗物，请求艾里克森的帮助筹建不列颠哥伦比亚大学人类学博物馆。在艾里克森的影响下，加拿大政府决定资助建设不列颠哥伦比亚大学人类学博物馆。

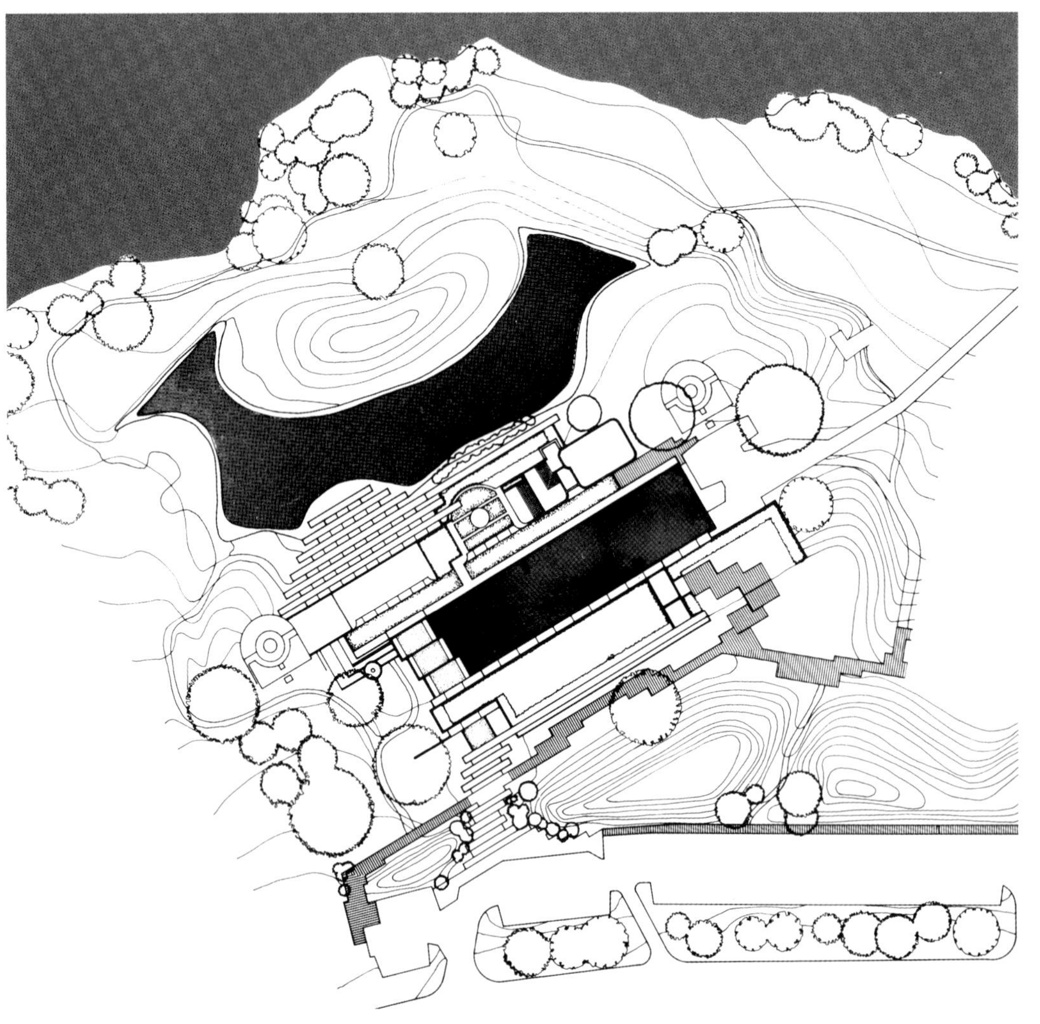

不列颠哥伦比亚大学为博物馆提供的场地拥有校园内最好的景观：位于校园的西端布满砂岩陡峭悬崖之上的丛林。可以俯视温哥华海港乔治湾碧蓝的海水，仰望高大的北岸山脉白雪皑皑的冰川。总用地面积大约有 44500m²，但是可以使用的建筑用地并不宽敞。场地中的悬崖虽然壮观，但是基于安全的因素不适宜建筑。场地的中央是第二次世界大战遗留下来的混凝土军事工程，包括战壕、三个圆形炮台和弹药库等一组无法拆除的构筑物。因为人类学博物馆位于不列颠哥伦比亚大学校园的尽端，虽然有开阔的视野景观，但是为避免成为其他建筑的视觉障碍，其建筑的高度有较为严格的限制。

虽然人类学博物馆景观条件的优越是毋庸置疑的，但是其严格的要求和场地条件使建筑设计的工作十分困难。艾里克森的设计是创造一种与四周丰富自然环境紧密相处的建筑形态，实际上，建筑景观的设计在建筑设计之前已经完成了。人类学博物馆的场地、光线、韵律和空间四个建筑要素在人类

学博物馆建筑中展现了完美的组合，是艾里克森设计生涯中的一个里程碑。

人类学博物馆设计的主题和场地因素促使艾里克森考虑到当地印第安人文化的影响。艾里克森对印第安人文化的了解和热爱可以追溯到其祖母对于多元文化的向往，特别是印第安人文化。博物馆总体设计来源于艾里克森对多年以前由安德烈·霍思沃姆和印第安人艺术家比尔·瑞德组织的印第安人文化展览而产生的灵感。海水、山脉、树林代表着印第安人所崇尚的自然力量。印第安人的村庄、图腾和水体的组合代表着传统的印第安人文化中对自然界的理解和其自身的精神力量。正如艾里克森的其他建筑作品一样，水体空间的设置是首先确定下来的部分。不规则窄小的水体空间不仅是对远处高山和海面的一种呼应，而且在建筑设计上，对于建筑形体的塑造和表现有不可代替的作用。不规则池畔同样也是不列颠哥伦比亚大学所希望的安置收藏品图腾柱和村庄的场地。中央展厅中不适于安置于室外的高大图腾柱展品，在视觉上也与室外的图腾柱相接近。

建筑设计的焦点是如何利

左页图：总平面图。博物馆位于陡峭的悬崖之上的山地。二战时期遗留下来的三个圆形混凝土炮台构筑物是无法移动的。水体的组合不仅有象征意义，而且增强建筑物的视觉效果

本页图：不列颠哥伦比亚大学人类学博物馆的夜景。摄影：Christopher Erickson

人类学博物馆面对海滨的院落仿佛是位于潮汐涨落的水边的太平洋西北部印第安人部落的村庄。环绕着不规则的水池，坐落着几个复制的印第安人村庄，有高大的图腾柱以及与原产地相同的植物。摄影：Christopher Erickson

用场地内不可以拆除的混凝土军事工程。最初的设计是如何避免将建筑主体与场地中的军事工程相冲突，但是艾里克森将场地内的战壕、圆形炮台和弹药库变成设计的一个契机，一个建筑设计的场地因素。整个博物馆跨越在工事的两侧，并将军事工程设计为沿水体布置的主体展厅和储存间、实验室以及其他辅助空间的界限。新建的博物馆与军事构筑物十分协调，其中的一个圆形炮台甚至成为大型收藏品的展台。整个博物馆相当一部分的建筑是埋于地下的。

人类学博物馆有学术研究和面对公众开放的双重功能。对公众开放的部分建筑流线的设计体现了艾里克森特有的空间韵律，收放有序。从位于树林中的出入口进入博物馆，天窗给入口空间提供柔和的光线，紧接着的是较为狭小昏暗的展览空间，最后进入展示大型展品的明亮主厅。透过宽阔明亮

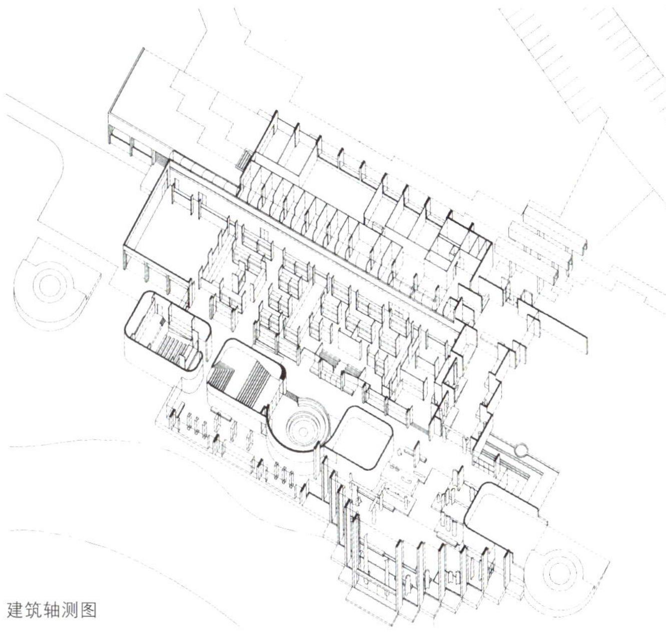

建筑轴测图

从入口到展览大厅的空间设计以及展品安排平面草图和剖面草图

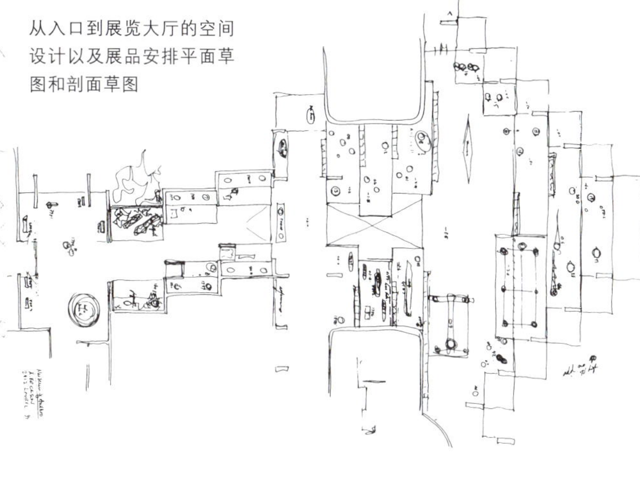

左上图：入口空间的槽型梁结构细部，相同的结构运用在整个建筑屋顶构造之中。摄影：Steven Zhen Wang

中上图：树立在灌木丛中的入口结构 摄影：Steven Zhen Wang

右上图：从道路一侧观看大厅的屋顶结构。摄影：Christopher Erickson

左下图：展厅内部空间细部 摄影：Steven Zhen Wang

右下图：展览大厅结构细部。纯净的玻璃墙面反射出不同的天空景观 摄影：Steven Zhen Wang

的玻璃窗，美丽的室外人工和自然景观是对参观者的一种心情上的解脱。明亮的主厅的另一侧可以进入较为低矮的展览空间。这些展览空间是为小型展品服务的。

整个博物馆的亮点是放置着巨大的图腾柱的高大的中央展览大厅，其净高从3.6m到7m。高达12m的玻璃窗可以营造与自然光环境相似的视觉环境。体量巨大的印第安人图腾柱可以在室内具有与室外相似的视觉展示效果。小型的展厅陈列着较小的印第安人艺术品和其他民族的收藏品。一个实验性展厅是提供给短期展览和学生展品使用的。人类学博物馆收藏品展示方案十分独特：大量对公众开放的展示空间，同时也是博物馆的收藏品储存空间。这不仅可以减少展品轮流展示的周期，而且节省了大量的工作人员的负担。

博物馆大厅的槽型梁跨度由12m到45m，跨距相差十分明显，但是其尺寸是相同的。虽然柱子的高度不同，但是其截面也是尺寸相同的。这与艾里克森在两个史密斯住宅中所使用的是相同建筑设计手法。相同截面尺寸的建筑构件有一种纯净的张力：一种如同古希腊

上、中图：入口空间与展品布置细部，大量的采用顶部采光。在设计施工过程中，这些天窗并没有预留，在艾里克森的强烈要求下被拆除重建

摄影：Steven Zhen Wang

下图：乌鸦与第一个人类，印第安Haida艺术家比尔·瑞德的木雕作品，展示的是Haida部落关于人类的传说。雕塑的基座是二战时期遗留的炮台构筑物，弧形的墙，灰色基调的混凝土和地面材料，天窗的柔和光线与和谐平静的雕塑。同一主题的雕塑也出现在加拿大美国大使馆的庭院之中

摄影：Christopher Erickson

早期“多立克”式建筑物的淳朴的感染力。

1976 年，不列颠哥伦比亚大学人类学博物馆完工之后，立即成为温哥华的旅游新热点。虽然博物馆的原始设计主要服务对象是不列颠哥伦比亚大学，但是相当多的参观者是中小学生和游客。原始的建筑设计设施很快地不敷使用，扩建是惟一的选择。博物馆的功能上的扩建需要更大的空间，特别是环境保护的需要和增加特别活动需要的空间。这些活动包括：与人类学有关的艺术表演——歌唱、舞蹈、国家级和国际级短期展览。新的收藏品同样需要安置空间。1981 年，博物馆的二期扩建工程完工。不列颠哥伦比亚大学人类学博物馆现在是温哥华和不列颠哥伦比亚省文化活动的重要一部分。

宽敞明亮的展览大厅
摄影：Steven Zhen Wang

玻璃博物馆

建 造 地 点：TACOMA，华盛顿州，美国

建 筑 规 模：7000m²

完 成 时 间：2002 年

合作建筑师：Thomas Cook Reed Reinvald

“玻璃博物馆的建筑形态是对远处山脉的呼应，但是我希望玻璃博物馆的倾斜角度与山体相反。”

——艾里克森

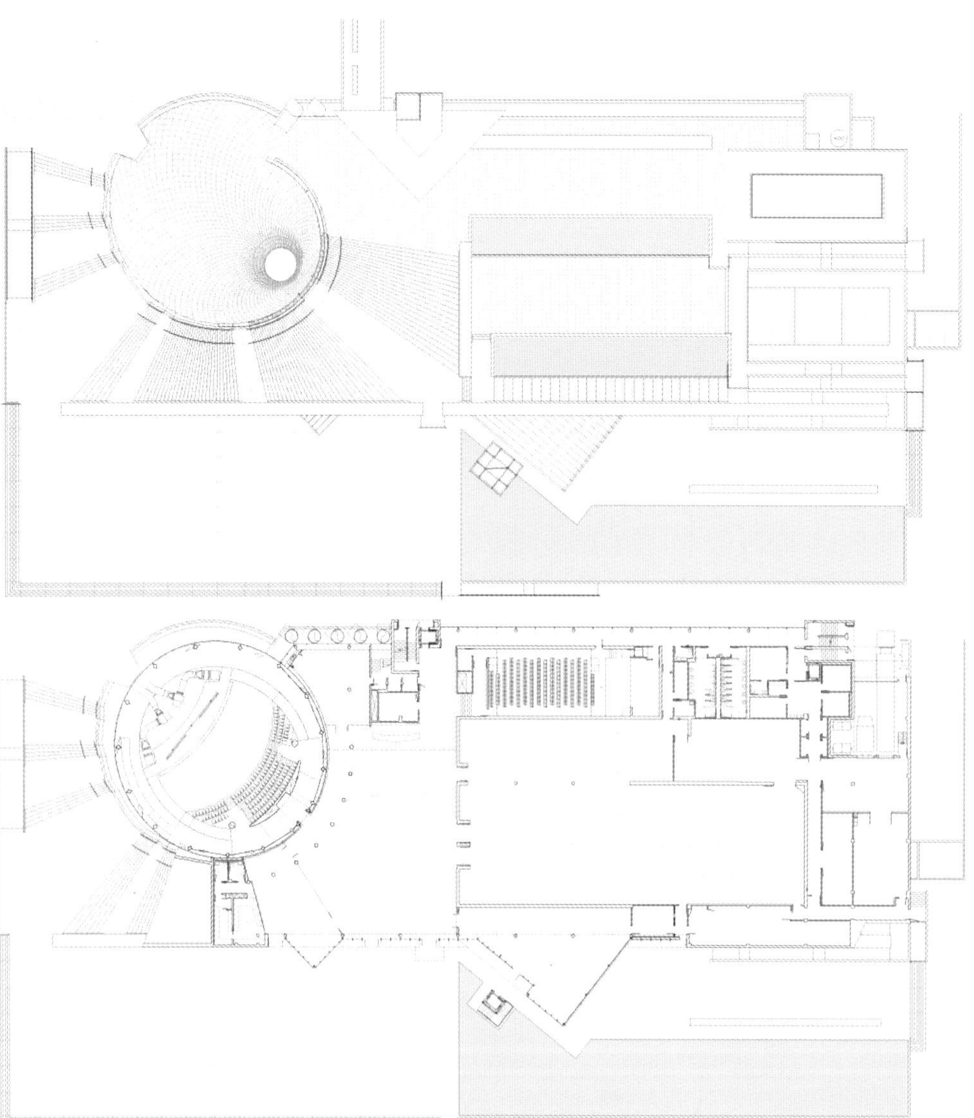

在 1991 年的经济困难之后，直至今日艾里克森一直作为一个独立建筑师的身份参与一些建筑设计。玻璃博物馆是其中近年建筑设计的佳作。与艾里克森长期合作的尼克·米尔科维奇（Nick Milkovich）建筑设计事务所是玻璃博物馆主要建筑师之一。在建筑师温·比拉斯基（Wyn Bielaska）的不懈地努力之下，玻璃博物馆成功的于 2002 年开幕。博物馆建筑位于Tacoma文化和历史区域的走廊通道之上，与华盛顿州的历史博物馆分别位于高速公路的两侧，并与Tacoma艺术博物馆仅仅隔一条铁路。

在美国这个严重依赖汽车的社会中，大多数的参观者停靠位于高速公路另一侧——历史博物馆的停车场之后，从历史博物馆的方向穿过以玻璃为装饰的天桥进入玻璃博物馆。整个设计的要点是赋予这个通

左页上图：玻璃博物馆屋顶平面图，整个建筑的屋顶是一个可以步行穿越的城市开放空间

左页下图：入口大厅层平面图，玻璃博物馆的主要出入口在海滨一侧的步行街道上

本页图：屋面广场上的空间、水池、玻璃展品和巨大的锥形体

摄影：Stovon Zhon Wang

左页左上图：锥形体结构模型。照片来源：尼克·米尔科维奇建筑设计事务所

左页右上图：整体模型，在玻璃博物馆对面的是左侧华盛顿州立博物馆和右侧的联邦法院。照片来源：尼克·米尔科维奇建筑设计事务所

左页下图：屋面广场上的夜景
摄影：Steven Zhen Wang

上图：东侧立面图

下图：由坡道仰视
摄影：Steven Zhen Wang

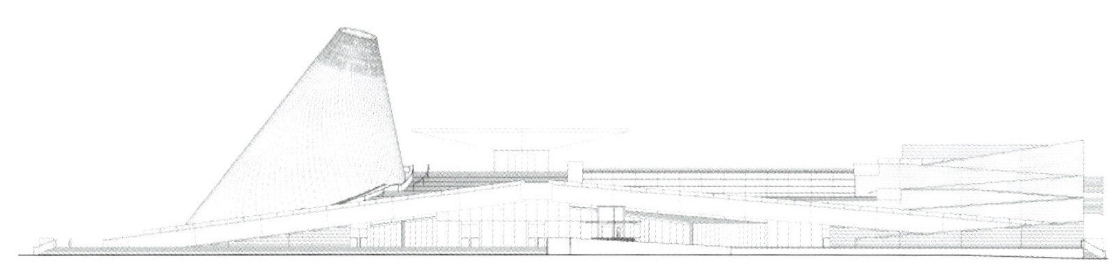

道丰富而特别的意义，参观者在通过步行桥的时候有足够的吸引力。天桥将人流引导至博物馆的屋顶广场，一直到达位于二层下的入口。这个通道所产生的阶梯状广场同时也是整个博物馆的屋顶结构。坡道沿着屋顶向下，一直延伸到博物馆入口的水池边。整个建筑如同一个大型的雕塑和城市景观，而不是一个传统意义上的建筑形态，这是艾里克森近年来在建筑设计上的又一突破。

建筑物、景观甚至是天空的色彩都是作为镜面艺术的投影水池用以扩展空间的目标。从远处，由玻璃和水体营造的景观吸引着参观者的注意力。一个醒目的覆盖着光滑材料的巨大锥形物是整个建筑的标志物。一个有张力的雨篷引导至一个室内的楼梯，以此作为另一个快速向下的室内通道。这种下沉式的设计反映出用地的特殊性和美国依赖机动车的交通现状。其建筑形式与其说是建筑构造和使用功能上的要求，

左页图： 海滨一侧观看玻璃博物馆的夜景。摄影：Steven Zhen Wang

上图： 海滨一侧的整体模型。照片来源：尼克·米尔科维奇建筑设计事务所

下图： 锥形体表面的金属饰面细部 摄影：Steven Zhen Wang

本页图：从高速公路和铁路一侧观看玻璃博物馆的造型
摄影：Steven Zhen Wang

右页左下图：另一侧入口坡道仰视玻璃博物馆的夜景
摄影：Steven Zhen Wang

右页右下图：入口坡道上玻璃博物馆的夜景。摄影：Steven Zhen Wang

右页上图：从连接历史博物馆的玻璃为装饰的天桥观看玻璃博物馆的夜景
摄影：Steven Zhen Wang

不如说是景观设计的需求。整个博物馆在众多Tacoma的文化和历史建筑之中，形象十分出众。

总建筑面积7000m^2的玻璃博物馆，主要功能包括：玻璃工厂、一个艺术工作室、展示空间、永久收藏品展示区、手工玻璃器皿和书籍零售空间、餐馆、图书馆、剧场和教室。整个建筑的焦点是电影厅，一个巨大的高27m，直径30m的锥形物。它也是馆内最具吸引力的建筑焦点之一。在厅内，观众可以观看具有动感的玻璃艺术品的制作过程。大部分的建筑物以精巧的混凝土预制板为外墙。作为标志物的锥形物覆盖着钻石形的不锈钢片，光滑的表面与玻璃的质感十分协调。在夜间，玻璃的屋顶所透露出的光芒宣告着这个仿佛是虚幻的世界的存在。

左页上图：锥形物体的内部和顶部
摄影：Steven Zhen Wang

左页下图：在锥形物的室内，参观者可以近距离观看玻璃制作的全过程
摄影：Steven Zhen Wang

本页图：玻璃博物馆的展览区域，为到访的玻璃艺术家提供展示其作品的场所。摄影：Steven Zhen Wang

史密斯住宅二号

建造地点：西温哥华市，不列颠哥伦比亚省，加拿大
建造时间：1966 年

"史密斯夫妇对我设计的惟一要求是地板的颜色。"
——艾里克森

史密斯住宅二号位于西温哥华市的海滨坡地两块突起岩石之上，是艾里克森众多住宅作品中，最具代表性，影响最深远的一个，也是加拿大二战之后居住建筑成熟和形成独特风格的标志。业主史密斯夫妇与艾里克森的交往长达半个世纪之久。艾里克森的第一个建筑设计作品的业主也是史密斯夫妇，1953 年史密斯夫妇委托艾里克森设计他们的第一栋住宅——史密斯住宅一号。史密斯住宅一号是一栋简单的包豪斯式的木结构二层建筑物，惟一与其他包豪斯式住宅不同的是史密斯住宅一号建于西温哥华北岸山脉的丛林之中。

第二次世界大战之前的西温哥华市是传统的温哥华的度假区，充斥着作为度假的木屋和小型住宅。定期的轮渡和私家游艇是两个区域之间为数不多的交通工具。虽然与温哥华市中心相隔一条窄窄的海湾，自然景观丰富的西温哥华市陡峭的北岸山脉与温哥华市中心的建筑

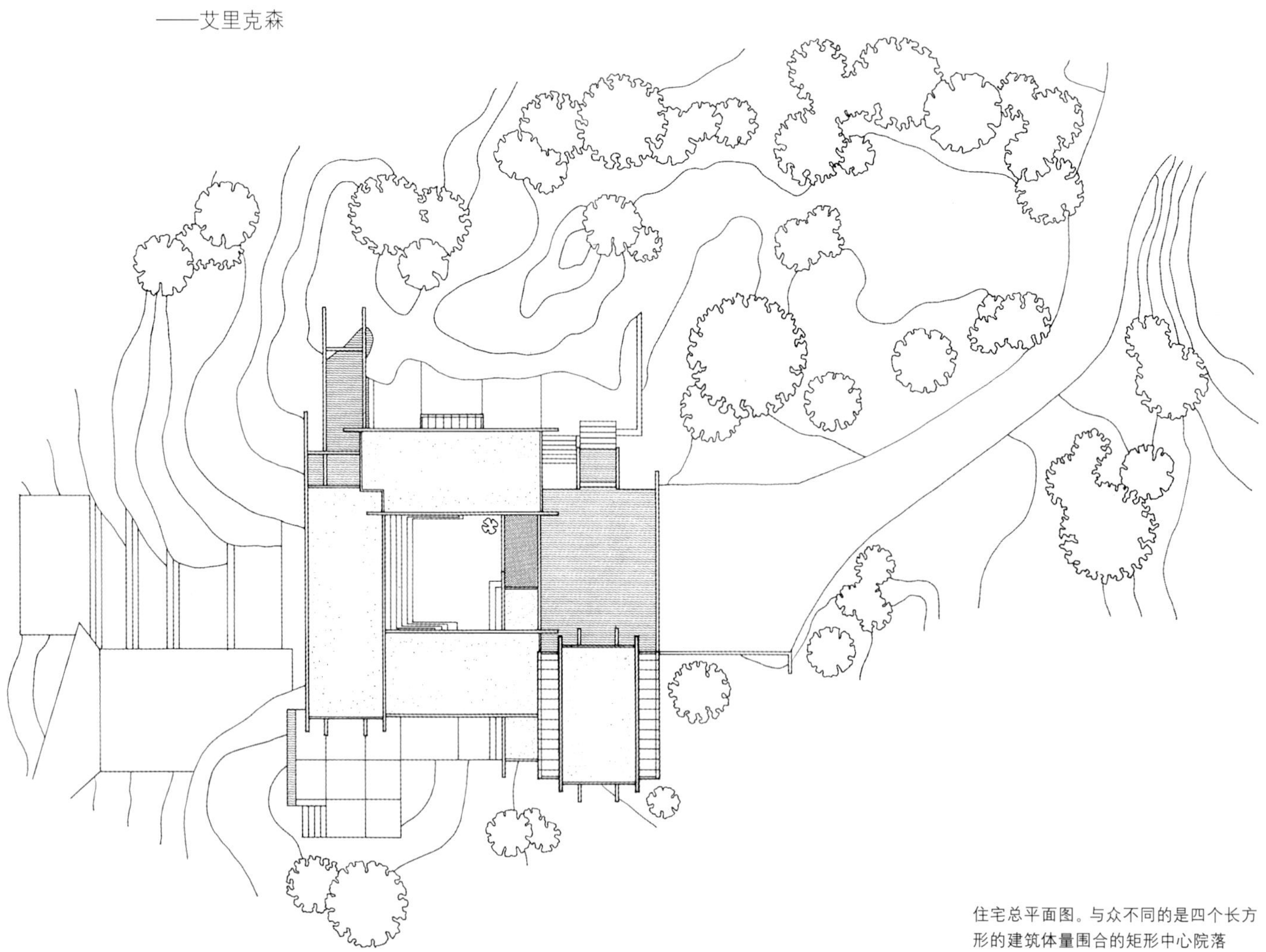

住宅总平面图。与众不同的是四个长方形的建筑体量围合的矩形中心院落

卧室墙体的高窗设置与起居室通透落地玻璃窗的空间围合程度是不同的。摄影：Steven Zhen Wang

景观反差很大，住宅用地的成本同样比温哥华市中心低很多。当20世纪40年代，连接温哥华和西温哥华的狮门大桥建成通车之后，情况有了很大的改变。首先选择居住在西温哥华市的居民是寻找相对便宜但是又适合其生活情调的艺术家和年轻的创业者。如今的西温哥华市已经成为加拿大最昂贵的居住区和人文素质最高的城市。

身为视觉艺术家的史密斯夫妇是以温哥华为中心的"西岸派"的成员，也是在战后首先选择在西温哥华建造自己住宅的众多艺术家中的一员。史密斯夫妇与艾里克森的关系十分密切，1970年东京世界博览会加拿大国家馆色彩绚烂的室内设计就来自高登·史密斯。基于对艾里克森的了解和认同，史密斯夫妇给予艾里克森的设计充分的自由和信任，在整个建筑设计过程中，甚至拒绝对设计提出任何的指引。史密斯住宅二号可以说是完全按照艾里克森的原意建造的。

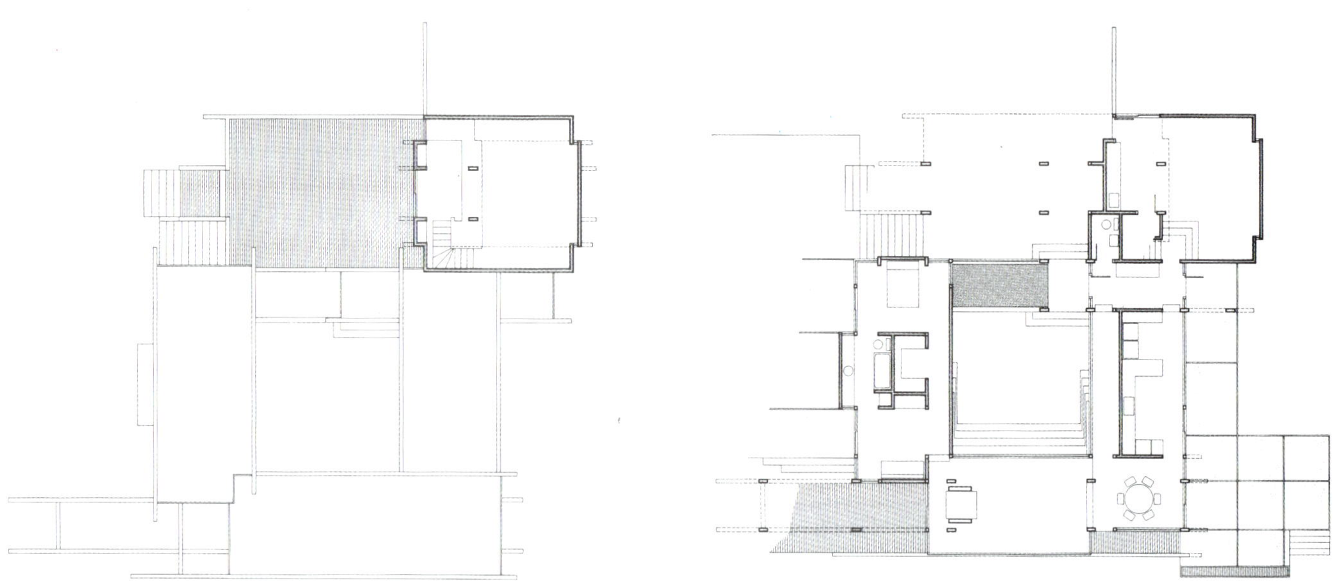

上图：住宅平面图。整个建筑是盘旋向上的，虽然高差起伏并不剧烈

下图：院落仰望住宅。梁和柱为截面尺寸相同的同一种材料。艾里克森原始设计是用红色的杉木为建筑材料，现有建筑构件的绿色与艾里克森意愿并不一致。摄影：Steven Zhen Wang

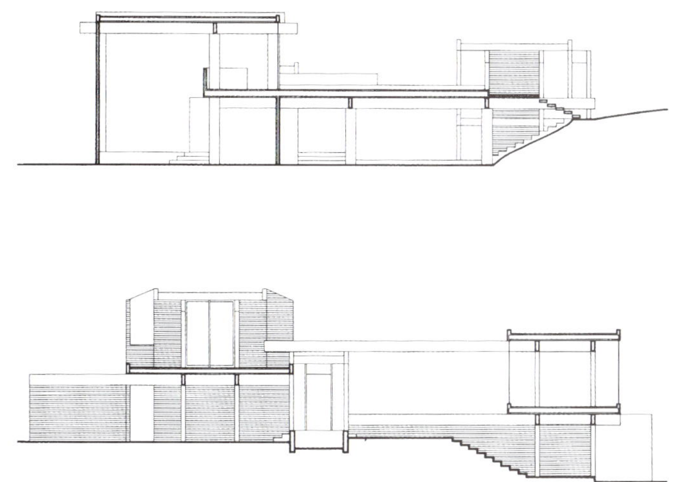

左上图：建筑剖面图。中心院落是适应场地内高差变化的一个过渡

右上图：起居室和通向西侧花园的通道。这个通道的高度只有1.9m，正是这个不太高空间的收缩，使中心院落显得更为明亮。摄影：Steven Zhen Wang

下图：入口处屋顶鸟瞰中央庭院，矩形中心院落是一个时间和空间容器，与四周景观分隔开来
摄影：Steven Zhen Wang

建筑物的选址十分显要：面对着温哥华的乔治海湾的树林中一片开阔地。场地中的植被景观与灯塔公园（Lighthouse Park）的茂密丛林相连，而没有明显的界限。场地中的天然植被丰富：羊齿类的植物布满了岩石之间的缝隙，仅仅可以透过茂密的杉树林遥望远处的海景。建筑场地条件十分敏感，而且各方面条件关系微妙。建筑物位于整个用地中最枯燥的部分，其他较好景观条件的部分则得以保留。整个建筑被包围在高大的树木和植被之中，行车入口处巨大而洁白的岩石，不仅标志出住宅的方位，而且引导着访问者进入住宅的主体。

建筑呈现出向内的一个四方形的螺旋体，围合着一个内庭院。内庭院的设计是建筑上对场地内的开阔地的一种回应——与四周其他环境相呼应的时间和空间容器。这个"容器"可以由两个方向进入：从行车入口，穿过位于北侧的工作室下方的半开敞停车空间；另一个方向是穿过树林，沿台阶向上，经过低矮的位于南向起居室下方的空间进入。两条路线都是先通过相对低矮昏暗的空间，再进入开放的内庭院，这使位于内庭院的入口空间格外明亮开敞。为了强调这种空间

左页图：由通道下方仰望位于中心院落一侧的主要出入口，柱和梁相同的铺地材料与建筑物非常和谐
摄影：Steven Zhen Wang

左上图：中心院落一侧的格栅是水池中的植物背景，也给阴暗的位于平台下的入口和车库带来柔和的光线
摄影：Steven Zhen Wang

右上图：卧室墙体的高窗
摄影：Steven Zhen Wang

左下图：从起居室下方的通道仰望位于中心院落的平台，这个平台是建筑与室外景观的过渡。摄影：Steven Zhen Wang

右下图：偏于院落一侧的出入口细部
摄影：Steven Zhen Wang

起居室的造型是一个以粗糙质感的木材和玻璃围合成悬挂的盒子
摄影：Steven Zhen Wang

室外空间、停车棚顶、厨房屋顶、起居室屋顶，空间排列有序仿佛无穷无尽。即使环绕着同一个内庭院，这些空间与内庭院的交流也是完全各异的：起居空间是完全开敞的，而工作室空间是封闭的，过道则是半开敞的。建筑的每一个角部都是一个与室外景观交流的锚固点：入口角部的工作室空间，拥有优良观景点的用餐区，由卧室伸展至树丛的起居室和紧贴树林的卧室区。

住宅建筑流露出一种特有的张力和简单的美感。整个建筑不仅使用尽量少种类的材料，而且运用了最少尺寸类型的建

上的节奏，可能也因为艾里克森和史密斯夫妇的身材都不高大，位于起居室下方的空间净高只有1.9m。停车位与内庭院之间由一个格栅相互分隔，内院的一侧是一个长方形拥有水草和淡水鱼的水池。艾里克森的设计中透过院落和起居室的下方的空间，可以望见树林中海水的反光，但是茂密的树林经常阻碍这种光线的交流。

住宅的空间相互重叠，盘旋向上。以主出入口为出发点，环绕着开敞的内庭院，沿顺时针方向向上依次是：厨房、餐厅侧翼、起居室侧翼、卧室空间、

由通道的西向仰望起居室
摄影：Steven Zhen Wang

筑构件。由于业主夫妇对于视觉艺术的敏锐感觉，整个住宅以粗糙加工的杉木为基本材料，大块的玻璃之间没有隔断，杉木的天然质感主导着整个建筑。即使梁柱的结构和建筑的功能不同，艾里克森将其设计为截面尺寸相同的同一种材料，瘦长的柱子和梁在视觉上十分和谐。地板、屋顶和壁板也运用相同的材料，有的仅仅是尺寸的

建筑完工后不久的起居室室内，摄于20世纪70年代。照片来源：艾里克森建筑设计事务所

本页图：卧室的外部，右侧是车库和车库上部的平台
摄影：Steven Zhen Wang

差别。住宅木质饰面材料的处理方式十分独特，经过高压盐处理的粗糙质感的木板面产生一种天然的美丽光泽，而不是简单的染色。粗糙的木材表面是柔和的。天然木材的粗糙温暖的质感和蕨类植物的自然色调并没有因为年代和人为的加工而受到损失，反而可以保留得更长久。金色、绿色和橄榄色的色调则是整个住宅色调系列中所要强调的重点。除了混凝土和玻璃之外，包括外墙面、顶棚、橡木地板、橱柜等在内，整个住宅饰面涂料是单一的。

住宅的景观设计运用了与柱和梁相同的材料铺地，场地内裸露的岩石被保留。在树林的范围之外，整个绿化区种满了丰富的植物。至今史密斯夫妇仍然居住在这个住宅中。对于艾里克森的设计，他们喜欢告诉朋友们，他们对艾里克森设计的住宅惟一的指引是工作室的地板颜色。他们希望是橄榄色地板，基于实用的原则，艾里克森的选择是白色。

工作室的空间是有天窗的，狭窄的天窗使室内各个墙壁的光线均匀。工作室是整个住宅惟一的白色房间，其他房间中所有的面层、结构、地板、墙围板，甚至是墙面亚麻布都保持着一种绿金色。照片来源：艾里克森建筑设计事务所

加拿大驻美国大使馆

地　　点：华盛顿特区，美国
建筑规模：25000m²
建造时间：1987–1990年

"当菲利普·约翰逊打电话恭喜我获得1986年度美国建筑师学会（AIA）金奖时，赞扬加拿大驻美国大使馆是我至今最好的建筑。我对他的话十分欣慰，但是另一个想法产生了，建筑师总是希望最后的是最好的，但是菲利普·约翰逊是从一个古典主义的复兴者的角度看待我的建筑，而我是一个现代主义的颠覆者。如果加拿大美国领事馆与最保守城市的文脉相适应，这意味着我过分成功了？"

——艾里克森

加拿大驻美国大使馆位于华盛顿特区十分重要的位置——连接国会山到白宫的宾夕法尼亚大道的一侧。建筑物面对宾夕法尼亚大道和宪法大道的交叉口，与美国国家法院大厦，约翰·马歇尔（John Marshall）公园和美国国家美术馆等重要建筑物相邻。加拿大大使馆与贝聿铭的美国国家美术馆东馆位于宾夕法尼亚大道的两侧，同一街区的建筑还有华盛顿特区的法院和市政厅。

华盛顿特区是一个独特的城市，拥有众多的标志性的建筑物，包括巨大的方尖碑、白宫等等，众多拥有古典风格的建筑物。在开阔的巨大空间尺度之下，华盛顿特区表达出的城市文脉绝对的强烈。20世纪80、90年代的新古典主义建筑风格对于华盛顿特区的城市来说是一个千载难逢的机遇。但是比建筑风格更重要的是位于华盛顿特区内的标志性建筑所表达出的精神力量——作为西方国

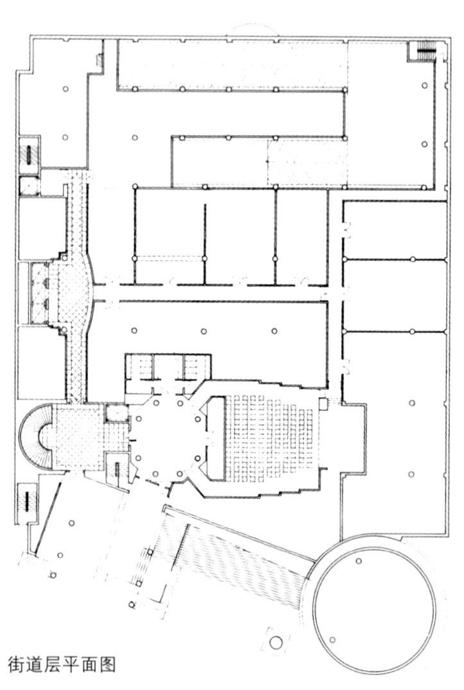
街道层平面图

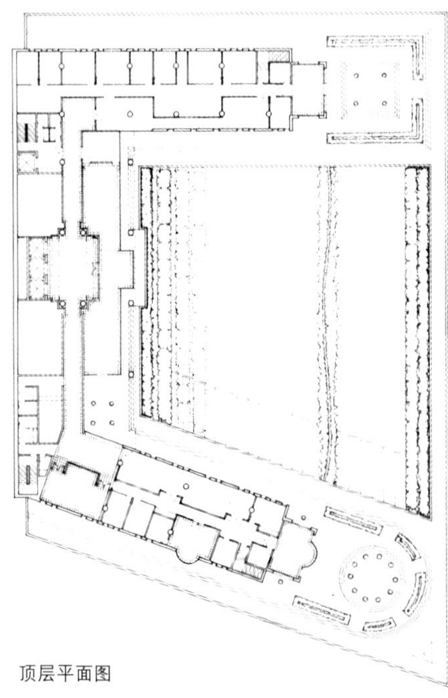
顶层平面图

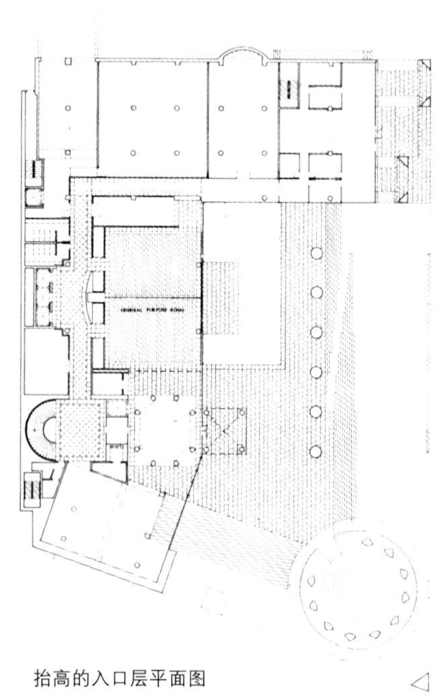
抬高的入口层平面图

家最重要的首都应该具有的平等和自由。

与其所应该代表的精神力量完全不同的是，加拿大驻美国大使馆设计的第一感觉是严格的限制，整个建筑的体量在设计开始之前就已经被严格限定下来。对于大部分建筑师来说，设计上的严格限制是一种束缚，而艾里克森将这些条条框框转变为选择运用建筑设计语言的标准。在加拿大驻美国大使馆的建筑设计中，艾里克森成功地将每一个限制都转化为设计灵感的源泉，在艾里克森的眼中限制越多的建筑越容易完成，限制不等同于枯燥。具体对于加拿大驻美国大使馆建筑的限制是：严格限定的体量，新古典的建筑设计语言和一块其他任何国家大使馆都无法取得的重要地段。

由于建筑设计是由外向内进行的。艾里克森最初对于建筑设计的限制感到乐观，认为可以节省时间、精力在处理外立面和内部功能之间的反复和矛盾上。但是虽然建筑的立面和形体在设计开始之前已经有了明确的框架，为了平衡场地中的建筑因素，艾里克森以及设计队伍投入了大量的时间和精力研究如何完成外立面设计，大尺度的模型研究是主要的手段。整个设计过程几乎全部基于模型的研究，从1983年开始的场地模型到最后精细的建筑模型再到栏杆和檐口的细节。

约翰 · 马歇尔公园一侧的大使馆立面
摄影：Geoffrey Erickson

左下图：在宾夕法尼亚大道一侧与约翰·马歇尔公园转角处仰视大使馆建筑。摄影：Geoffrey Erickson

下中图：柱子和上部轻盈的玻璃天窗
摄影：Geoffrey Erickson

右下图：大使馆和远处的国会大厦
摄影：Geoffrey Erickson

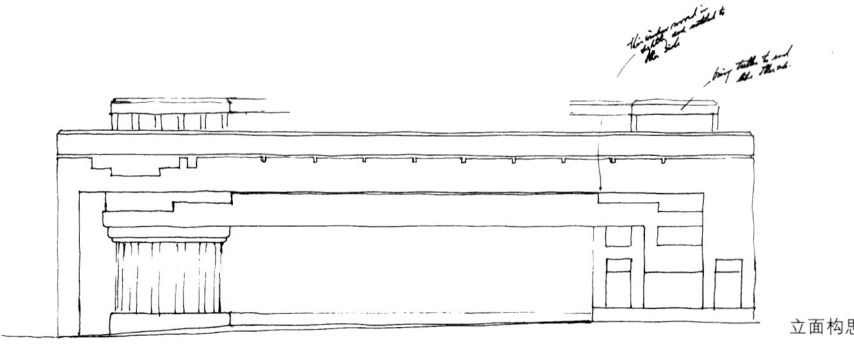

立面构思草图

檐口和基座几乎是完全确定下来的，立面以柱式为建筑符号也是难以改变的。同样苛刻的要求还有整个建筑物所占有的体量和位于建筑两个立面的中央开口，所以加拿大驻美国大使馆的建筑形态几乎是必然的：一个"C"字形建筑，围合的内庭院有着面对城市花园的中央开口。

加拿大驻美国大使馆的建筑规划涉及两个主要的政府规划部门：华盛顿市政府和宾夕法尼亚大道规划委员会。约翰·马歇尔公园一侧的建筑立面要求有一个完整不间断的山墙檐口，使位于主入口上方的水平建筑构件的力度显得强烈。艾里克森将立面要求的廊柱后移，在进入内院之后，人们才发现这些强有力的柱子所支撑的仅仅是上部的天窗。12根柱子围合成一个圆形的构筑物，与临近社区的地标——联邦贸易委员会的建筑相呼应，同时作为一个象征意义强烈的建筑，这12根柱子也代表着加拿大的10个省份和2个特区。

虽然加拿大驻美国大使馆的地理位置十分重要，但对于艾里克森来说如何用建筑表现加拿大作为一个国家的概念不是一件容易的工作。作为一个历史并不悠久的年轻国家，加拿大在世界文化中的地位并不显著，同时加拿大和美国共同分享相当长的一段历史。加拿大和美国的关系是错综复杂的。艾里克森认为作为一个国家，加拿大具有谦虚和绅士般的风度和开放好客的性格，比起作为邻居的美国，更具有朝气和淳朴的性格，虽然两国的文化传统极其相似。艾里克森所要表达的正是这种微妙但是显著的区别。从象征意义上，宽大的水平构件尺度和明亮宽敞的后院寓意着加拿大开阔的地理位置；后院中的水池象征着加拿大的海域。位于水池中央的是印第安Haida艺术家比尔·瑞德的雕塑作品，展示的是Haida部落关于人类的传说。比尔·瑞德是西海岸不列颠哥伦比亚的印第安艺术家，以收集和保护印第安艺术品著称于美国和加拿大。作为当时加拿大在美国最知名的艺术家，比尔·瑞德的雕塑表达出一个Haida部落的传说：一个独木舟载满着传统的印第安精神形象的人类。整个青铜雕塑长达5.5m，也是儿童和摄影师的最爱。

不同建筑尺度之间的转换也是艾里克森设计中所考虑的一个重点。建筑的庄严性和巨大的尺度如何转换为适宜"人"的尺度是一种挑战。整个建筑尺度的层次是明确的，最大的而且最庄严的尺度是位于街道和城市公园的构筑物；然后是玻璃顶棚之下的具有象征意义的12根圆柱和退后的廊柱；最后是相对较小的门廊和供给大使所使用的街坊尺度的阁楼。带有绿化的景观化处理的立面同样对于这种尺度的转变有着辅助作用。整个建筑的尺度随着"人"作为使用者一步步地接近出入口而逐步地由巨大的超尺度转向人适宜的尺度，这似乎是一种传统的而不是现代的建筑语言。

加拿大驻美国大使馆充分体现了艾里克森的建筑理念——极度简单化的建筑语言。密斯式的极度简单化建筑构件出现在绝大多数艾里克森的建筑中。复杂的装饰不是艾里克森所要表达的建筑语言。在经过开放性的设计之后，艾里克森将产生的所有复杂迥异的建筑形态简化，包括花园中的阳台，不同尺度和材料的窗户。

上图：极具象征意义的、代表着加拿大10个省份和2个特区的柱式。透过柱子之间的空隙可以望见贝聿铭的美国国家美术馆东馆。**摄影**：Geoffrey Erickson

下图：约翰·马歇尔公园和大使馆
摄影：Geoffrey Erickson

本应繁复的建筑物，变得清晰，最后建筑呈现的形象如同一个巨大的雕塑体。一层层的外皮之下，显露出的是类似生命体的内部。

窗户的设计不是侧重于单个的形象，单一的石制建筑材料衬托出笔直的檐口之下的建筑开口。华盛顿地区强烈的日光给檐口带来了阴影，檐口的沉重感得到极大的减轻。场地中所有的可以利用的建筑语言都对建筑的形象塑造有决定性的贡献。整体建筑的布置简单明确：三个立面都具有坚硬的边缘和屋顶，而中间则是掏空的。沿着宾夕法尼亚大道一侧，相对充满的西侧角部是艺术展廊和政府办公的出入口。三角形的柱子构造是对位于街道对角贝聿铭的美国国家美术馆东馆建筑的呼应。主要的仪式性的出入口位于约翰·马歇尔公园的一侧，一个宽大的阶梯将参观者引入同样明亮的内部庭院。北部的开口有三角形的柱子，也是移民部门、工作人员以及货物的出入口。室内设计的部分，艾里克森所涉及的部分包括对公共开放的大厅、餐厅、休息室和其他公共区域。中性奶油色和灰色的石材基调，配以朱砂色的家具，大胆的尝试使整个建筑室内极有动感。

加拿大驻美国大使馆是一个非常复杂的工程，从设计招标的阶段就不是一帆风顺的。首先，加拿大驻美国大使馆招

与城市公共空间和街道相通的中央庭院中的6根古典柱式
摄影：Geoffrey Erickson

标委员会并没有选择艾里克森的方案。虽然艾里克森所构思的建筑没有得到大多数委员的认同，但是当时加拿大的总理皮埃尔·特鲁多坚持使用艾里克森的方案。艾里克森和皮埃尔·特鲁多良好的私人关系也成为人们广泛谈论的话题。此外，宾夕法尼亚大道规划委员会对于建筑设计的理解与艾里克森也有一定的距离。比如反光不锈钢材料的运用，艾里克森认为不锈钢材料不仅可以反射四周的景观，而且可以在视觉中消失在灌木丛中，而宾夕法尼亚大道规划委员会则持不同意见。

上图：剧场室内细部
摄影：Geoffrey Erickson

下图：室内楼梯细部
摄影：Geoffrey Erickson

西北太平洋住宅

建造地点：西雅图，华盛顿州，美国
建造时间：1981 年
用地规模：36000m²
建筑面积：836m²

"对于这个建筑，我们需要一个更温暖的背景，不仅可以更好地展示艺术作品，而且可以抵消四周森林的黑暗。于是我尝试着使用颜色。整个西北太平洋住宅建筑的色彩是我所可以使用的最美丽的混凝土，与艺术展品的配合也十分出众。"

——艾里克森

西北太平洋住宅位于美国华盛顿州西雅图的北部树林之中，为单层建筑物。建筑功能非常独特：作为住宅的同时，也有现代艺术品展览和储存的功能。实际上，业主建造这个住宅的一个主要原因就是提供一个良好的展示其收藏的现代艺术品的场所。建筑用地为不规则峡谷地带，北部有开口30m，西北部的敞开部分则宽达180m，并可以远望西雅图美丽的Puget 海湾。

建筑布局简单而丰富，长达 180m 的入口车道将人引入住宅的西侧。整个建筑物位于抬高的平台之上，以强烈的东西向轴线布置。以一系列精心设计的混凝土框架导向和区分3个主要的建筑功能区域：西部的居住区、中心展览区和东部的客人房。

入口轴线的双柱引导划分空间的层次和序列，两侧的树木和自然生态景观是丰富主轴交通流线的必要因素。入口北侧是主卧室，南侧是起居室、厨

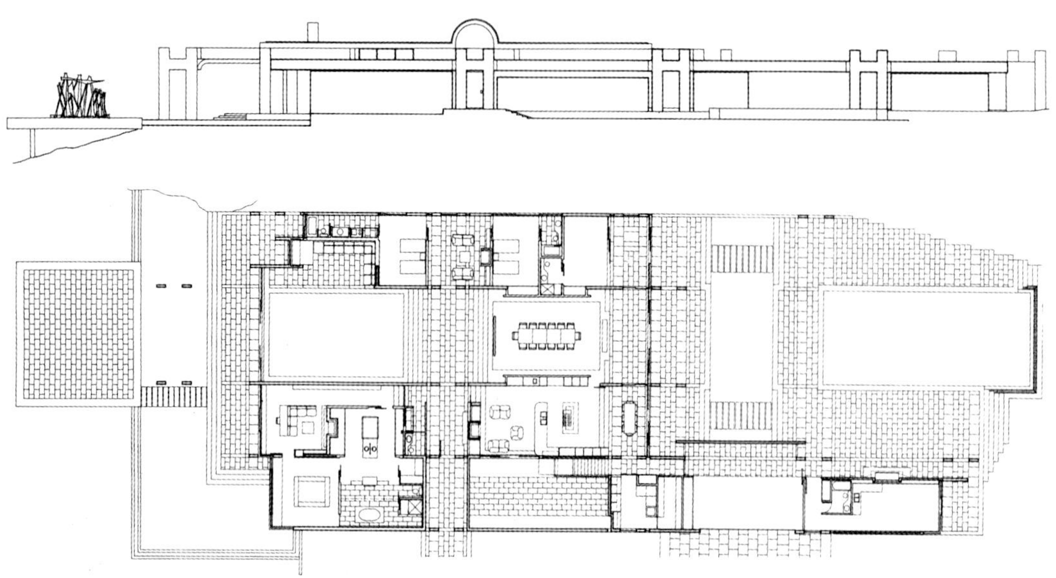

上图：总平面图

下图：西北太平洋住宅的剖面图和平面图

右页上图：入口处的植物茂盛，阳光下混凝土呈现一种温暖的质感
摄影：Steven Zhen Wang

右页下图：主入口细部，西北太平洋住宅的业主经常更换展示所收藏的艺术品，新近安装的不锈钢高大树木也是住宅所展示的艺术品之一
摄影：Steven Zhen Wang

房、正餐室、设备储藏间，以及佣人房间。展览空间内同样有一个接待重要客人和举行晚会的娱乐场所。起居室的北侧是一个倒映水池，一个混凝土平台和一个由安东尼·卡罗(Anthony Caro)创作的现代雕塑作品。一个温室跨越建筑物南侧的植物园，与餐厅相对。花园的后侧是一个以石头围合而成的游泳池，并且以一个长满青草的坡地为背景。西侧的青草地则是雕塑家马克·迪斯维罗(Mark Disuvero)作品的背景。

沿着餐厅，起居室和展览空间的中心轴线有顶部的采光。建筑上盖是以铁为框架的磨砂玻璃板。玻璃顶棚是惟一可以抵抗树枝坠落的冲击，又可以向室内提供良好光线的建筑构件。白色的油漆挡板沿着玻璃天窗的方向布置，即使在最强烈的阳光下，照射入室内的光线经过反射后也变得柔和。在安装使用之前，玻璃天窗的设计和实验一共用了两年的时间。从建成之日起，玻璃顶棚一直运行良好，至今仍然可以发挥原始设计所期待的功效。

艾里克森称混凝土为20世纪的大理石，因为两者相类似的触觉质感。混凝土作为西北太平洋住宅的主要建筑材料与四周

由游泳池上方观看西北太平洋住宅
摄影：Steven Zhen Wang

由游泳池的方向观看住宅。建筑物混凝土的构件在茂密的森林中伸展开来，仿佛用手臂在高大的树木中撑开一片生存的空间
摄影：Steven Zhen Wang

左上图：类似冰球棒的屋檐细部
摄影：Steven Zhen Wang

右上图：混凝土细部，经过二十多年的使用，西北太平洋住宅的混凝土墙面产生了一种如同大理石般质感的花纹
摄影：Steven Zhen Wang

下图：起居室全景
摄影：Steven Zhen Wang

上图：由森林中的小路观看住宅，H型构件是对空间的一种界定
摄影：Steven Zhen Wang

下图：东侧庭院与远处广阔的海洋视觉上的连通正在被茂密的树木隔断
摄影：Steven Zhen Wang

的天然景观和现代艺术展品十分协调，淡黄色现浇混凝土与墙面家具的颜色相同，一起提供给展品一个自然的中性背景环境。混凝土墙面的色彩变化是照片难以表达出来的。色彩即使在白天移动的光线下的变换也难以用言语表达。也许，西北太平洋住宅的混凝土墙面永远不应该

东侧庭院没有西侧庭院开阔，在空间上是与远处广阔的海洋相连通的
摄影：Steven Zhen Wang

粉刷和覆盖完成面。

混凝土与砂岩板材铺满了整个室外空间，并且一直延伸至室内。浅褐色的地毯用于主要生活区域。整个住宅建筑以中性偏暖色调为主。整个建筑物大量地使用了H型的混凝土柱式，由于上部两个小小的突起，建筑师戏称其为"兔子耳朵"。"兔子耳朵"的结构功能不同，相当一部分是纯粹的建筑构件。在竖直的森林之中以强烈的水平导向设置的建筑物需要一种缓和剂或者是联系体。"兔子耳朵"不仅标志出强烈的中心轴线，和一个横向次轴线——厨房、餐厅和温室，而且也与水体、远处的雕塑，甚至是更远处的自然景观产生对话。

大面积的玻璃用于建筑的两端，由于东西向的布置，"眼睑"式的遮阳构件是必需的。没有明显边界的，弯曲如白色冰球杆的铁框架限定空间，却不阻碍视觉空间的延伸。门的设计为黑色无框推拉门。极简化的室内设计，包括：书架、衣帽间、厨房柜和餐台。建筑室内照明设计是为展示的需要而设置的。夜晚，建筑构件反射的光线提供给展品柔和的光环境。在安静的夜晚，西北太平洋住宅闪耀的灯火在黑暗的树林中显得温暖而神秘。

卧室的一角。摄影：Steven Zhen Wang

餐厅。摄影：Steven Zhen Wang

起居室的宽大空间同时也是展示绘画和小型雕塑的场所，中间的台阶和屏风是对空间的一种分割
摄影：Steven Zhen Wang

左上图：H型构件细部
摄影：Steven Zhen Wang

中上图：H型构件也运用于景观设计
摄影：Steven Zhen Wang

右上图：在水池中伸出的平台也是展示现代雕塑的场所，位于平台上的雕塑是艾里克森最初设计中所要展示的大型现代雕塑之一。摄影：Steven Zhen Wang

左下图：入口H型构件细部
摄影：Steven Zhen Wang

中下图：H型构件同样运用于室内，照片内左侧展示的"鱼"是建筑师弗兰克·盖里的作品
摄影：Steven Zhen Wang

右下图：与西侧庭院相比东侧庭院是安静的。摄影：Steven Zhen Wang

ROY THOMSON 音乐厅

建造地点：多伦多市，安大略省，加拿大

建筑规模：20000m^2

建筑用地：1hm^2

建造时间：1982 年

合作建筑师：Mather & Haldenby

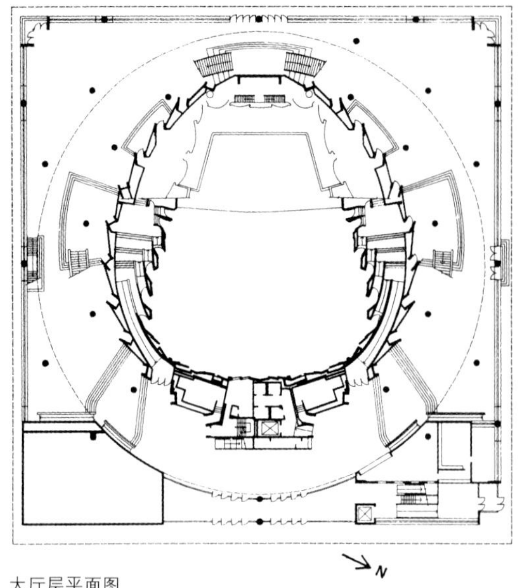

大厅层平面图

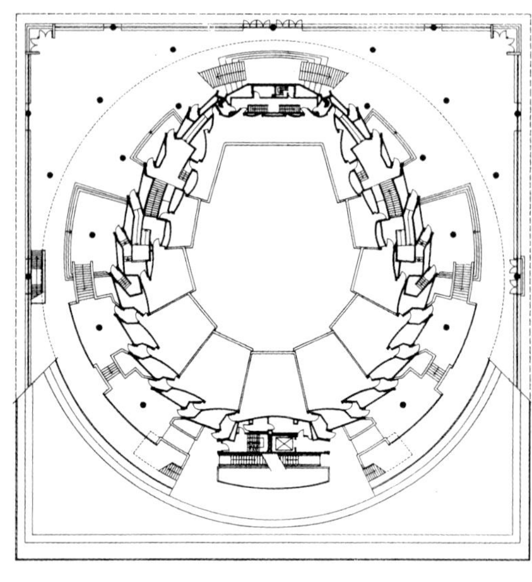

夹层平面图

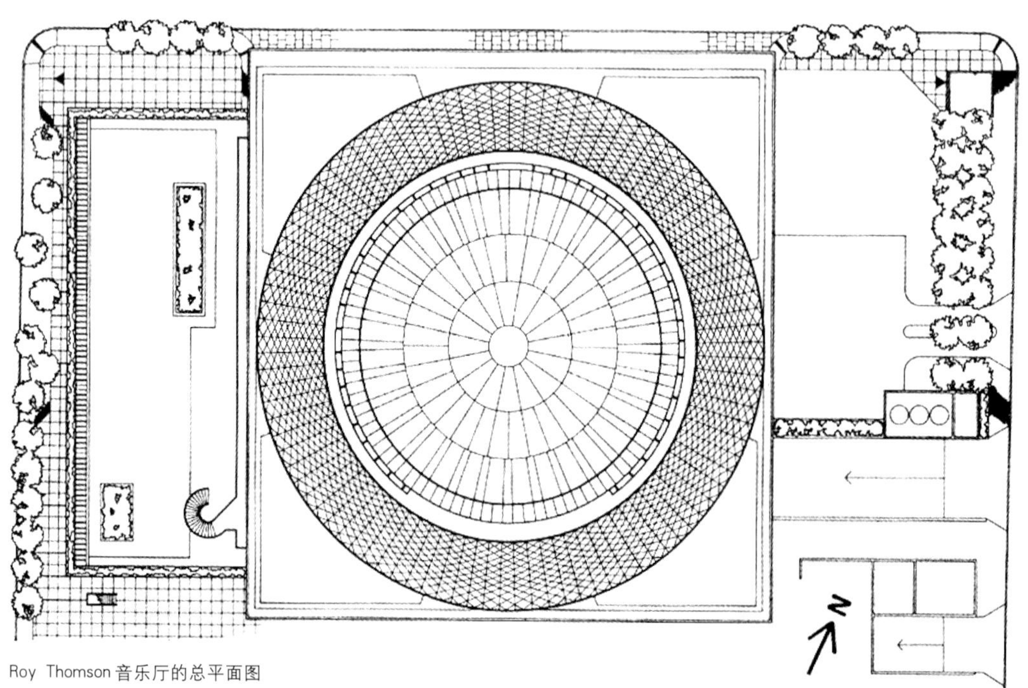

Roy Thomson 音乐厅的总平面图

Roy Thomson音乐厅位于多伦多市的中心，与著名的多伦多电视塔(CN Tower)仅相隔几条街区。Roy Thomson音乐厅是世界上最好的音乐厅之一，以优异的音响效果，亲切舒适的环境和卓越的舞台视线组合著称。音乐厅是多伦多交响乐团和Mendelsohn合唱团的专业演奏厅，一共可以提供2812个座位，其中2693个座位被长期租用。另有300个座位的预演厅可以容纳较小型的演奏会。

音乐厅在高楼大厦林立的多伦多市中心所展示的形态非常独特。位于西侧的城市广场是协调四周商业建筑和音乐厅建筑的场所。Roy Thomson音乐厅最初是作为大型开发公司“西区中心”项目的第一部分，艾里克森的最初设计构想是将大部分空间埋于地下。但是由于业主的要求和后续建筑的不可预见性，音乐厅成为一个有明确场地界限的独栋建筑物，并且与多伦多地下商业区和地铁相通。实际上与开发商预见的相同，整个开发项目没有完成，现有的建筑建设与最初的设计有很大的差别。

音乐厅的设计概念来自大量的建筑模型研究和对声学专家的咨询，建筑平面为盾形，舞台位于平面的狭窄一端。座位形态有三种：大厅、包厢和月台。如同风扇一般，自行车踏板形的包厢和月台座位一直延伸至舞台和乐池的后部。Roy Thomson 音乐厅的座位安排十分成功：所有的座位距离舞台最远的为 32m，作为比较，波士顿交响乐团演奏厅的座位距舞台最近的距离为 31m。而且座位的规划组合十分成功，每一个座位的视线都不受阻碍。这都是在同等规模的音乐厅建筑之中很难达到的效果。

多伦多的市中心高楼大厦林立，作为背景高层建筑中有贝聿铭和密斯设计的高层建筑。白色的为贝聿铭的银行大厦，而深色的四栋建筑群则是密斯的道明银行中心
摄影：Steven Zhen Wang

上图：玻璃幕墙在室内产生的效果与室外截然不同。通透的玻璃幕墙给设置了休息区的夹层空间提供了充足的阳光
摄影：Steven Zhen Wang

下图：Roy Thomson 音乐厅主体覆盖着的玻璃幕墙如同多面体宝石一般反射出蓝天白云
摄影：Geoffrey Erickson

右页左上图：玻璃幕墙细部
摄影：Riza

右页左下图：Roy Thomson 音乐厅主体建筑与街道之间是一个下沉式的广场，由一个室外平台连接。在夏季可以作为室外的休闲区域
摄影：Steven Zhen Wang

右页右图：大厅的两侧楼梯向上通向各个音乐厅的夹层出入口
摄影：Steven Zhen Wang

音乐厅的建筑设计为双层外壳，以隔绝外部的噪声。使用当时最先进的设计以达到最佳音响效果。混响时间由122个彩色隔板控制，装置于顶棚内的升降设备控制其混响时间。顶棚是整个大厅的设计焦点，绚烂的色彩引发无尽的遐想，有着与古典壮观的戏院和音乐厅相类似的色彩和戏剧性。大厅的其他构件：墙体、月台、混凝土构件、布料、银光漆饰面和黄色面层材料都是中性的色彩，整个室内色彩环境温暖而且安静。

卵形的观众席和方形的底座以一个悬挂的网状物和玻璃为外墙支撑和围合。表面玻璃材料的穿透性不仅可以减轻建筑物的重量感，而且可以将建筑物的内部活动展示给外部。在白天，玻璃覆盖着的建筑物如同宝石一般的多面体，在季节、天气和时间的光线变化之下，产生不同的效果；在夜晚，室内的灯光下，玻璃幕墙会在视觉中消失，整个室内的活动如同舞台一般，散发着无尽的诱惑力。

艾里克森最初的建筑形体设计是将圆形的平面渐变为椭圆形的顶部，并且有一个倾斜的角度。但是由于施工的要求过于苛刻，多伦多的建筑公司无法胜任。同时也因为造价过高，无法聘请可以胜任的不列颠哥伦比亚建筑公司。由于这个现在看来十分简单的工程施工要求，在当时还无法完成建筑师的设计，这对Roy Thomson音乐厅建筑不能不说是一种不可弥补的缺憾。

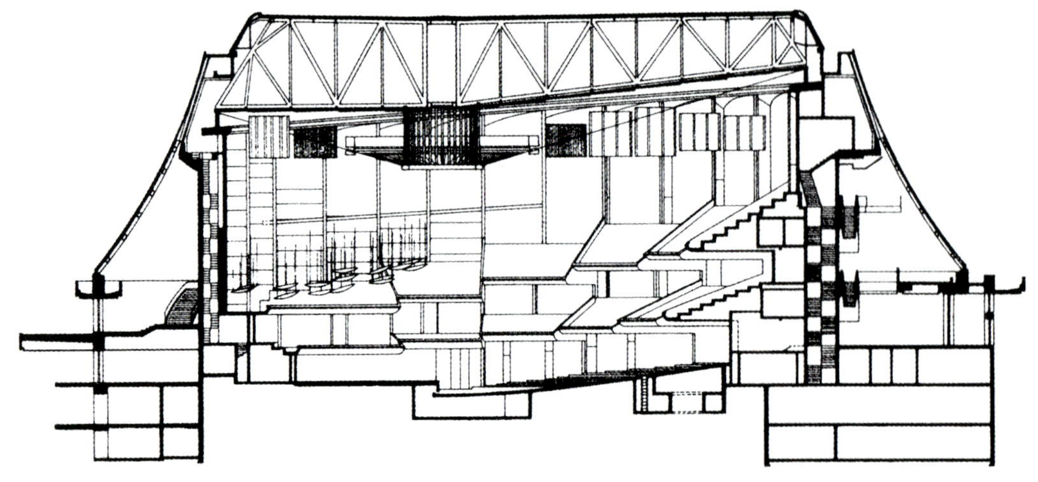

上图：东西向剖面图，音乐大厅内的吊顶同时也是调节混响时间的构件

左下图：透过玻璃幕墙的分隔可以仰视多伦多的标志建筑物CN塔
摄影：Steven Zhen Wang

右上图：玻璃幕墙的室内构造细部，结构构件和外墙玻璃是分开的
摄影：Steven Zhen Wang

右下图：由大厅开始的夹层楼梯在顶层相通。镜面玻璃的设置不仅加强了空间的神秘性，而且扩展了原本并不宽敞的顶层空间。摄影：Steven Zhen Wang

音乐大厅室内
摄影：Timothy Hursley

LETHBRIDGE 大学

建造地点：Lethbridge，艾伯塔省，加拿大

建筑规模：41800m^2

建筑年代：1972 年

建筑构思草图

总平面图

Lethbridge 大学的建筑形态和功能是西蒙菲沙大学（SFU）的延伸和扩展，但是更加纯净，更具有视觉上的震撼力。Lethbridge 大学位于加拿大内陆省份艾伯塔省 Lethbridge 市郊的老人河谷的山坡顶上。Lethbridge 市是典型的北美大草原气候，冬季寒冷，夏季炎热。特别是夏天的强烈阳光，促使人更多的希望留在室内而不是室外。这与西蒙菲沙大学所处的温暖湿润的太平洋海洋气候以及温哥华地区人们钟爱户外活动有很大的不同。

建筑设计规划任务书对校园建筑空间的要求有两个：一个是传统的教学活动空间，包括大型授课和小型教学空间，另一个是教学空间和生活区域的结合，使学习成为生活的一部分，二者有机结合。艾里克森综合考虑各方面的因素，特别是场地的自然

左上图： 从山谷仰视主体建筑物。图片摄于20世纪70年代，照片来源：艾里克森建筑设计事务所

右上图： 建筑以及环境设计没有多余的装饰，而是强调整体的造型。图片摄于20世纪70年代，照片来源：艾里克森建筑设计事务所

下图： 山谷上俯视Lethbridge大学。图片摄于20世纪70年代，照片来源：艾里克森建筑设计事务所

远眺Lethbridge大学，整个建筑如同一个横卧在大草原山谷之上的巨大桥梁结构。摄于20世纪70年代，照片来源：艾里克森建筑设计事务所

条件，如同SFU校园建筑形态相类似，Lethbridge大学的所有可使用的空间，包括教室、讲堂、实验室、教师办公室、学生宿舍和公共空间全部位于同一建筑之中。与西蒙菲沙大学相比，Lethbridge大学“单一”的建筑形态更加强调一种向内的凝聚力。

艾伯塔省位于北美广阔的大草原中，其山川等天然地理环境十分特别。所有的城市中的通常尺度在此都失去了标准，在单一的落叶植物覆盖之下的山体，无法隐藏任何物体，一块绿化，一栋住宅，一条路，甚至是一片篱笆都会因为其独特性而成为景观的标志。通常情况之下，很少有建筑师将建筑物设置于山谷之中，而是在山坡之上，或者是河岸之边，但是艾里克森突破了这个设计的界线。山谷的地理位置和结构提供了一种非常特殊的建筑环境，不寻常的高差变化，以及更接近河水和比平地上更平和的微气候。

在艾里克森的眼中，Lethbridge大学的建筑形态是一个古典桥梁的结构物跨越于山谷之上。仿佛是连接草原丘陵的铁路桥一样。建筑物的屋顶平整，而且低于山头的自然高度，如同已经存在很久了的山谷自然地理的一部分。建筑物的尺度巨大，一共280m长，9层楼高的建筑物位于几乎是荒凉的高低起伏的山体之间，其震撼力是无法用言语表达的。由城市的方向观看Lethbridge大学，建筑物的形象粗犷而且清晰，尺度巨大但是和谐亲密。沿着前往大学的道路前进，建筑物或隐或现。当汽车驶入山谷的最后一个边缘时，虽然没有过多的装饰和绚烂的色彩，长达280m的巨大而简单的体量，对人的视觉冲击犹如巨钟。对于Lethbridge大学的建筑来说装饰和色彩仿佛是不必要的。

与西蒙菲沙大学相比较，Lethbridge大学的教学空间组合更进一步的是：只有重要的课在讲堂内举行，其他大部分的课都在尺度和氛围都更亲切的空间内进行。艾里克森对于埃及开罗的El Azhar大学内没有指引、没有功能限制的公共空间的向往是他在教育建筑中进

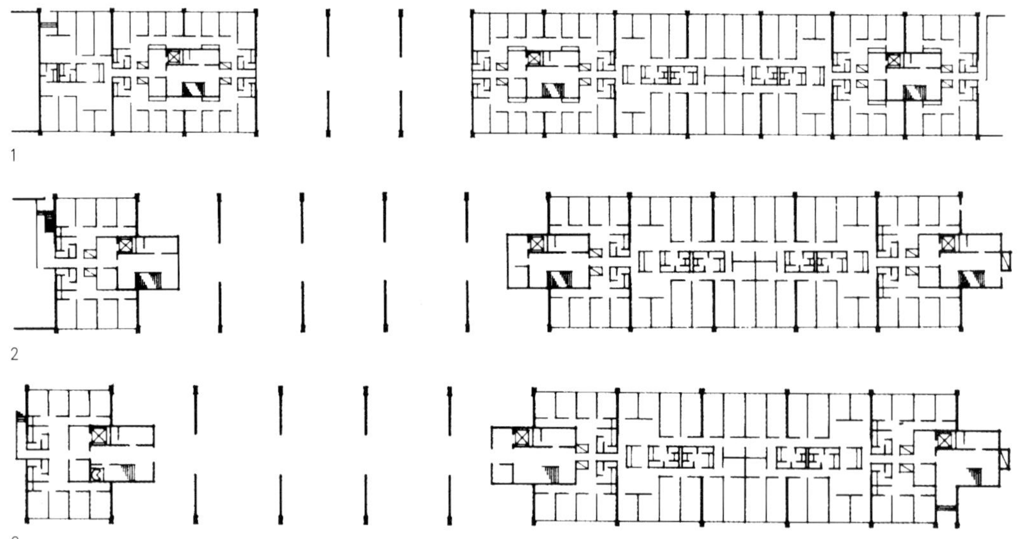

上图：1～3层平面图

下图：建筑模型，单纯的结构形态允许建筑物不断地延伸，而不破坏原有的结构形态。但是Lethbridge大学后来的扩建并没有与艾里克森的最初构想一致
照片来源：艾里克森建筑设计事务所

右页图：4～9层平面图

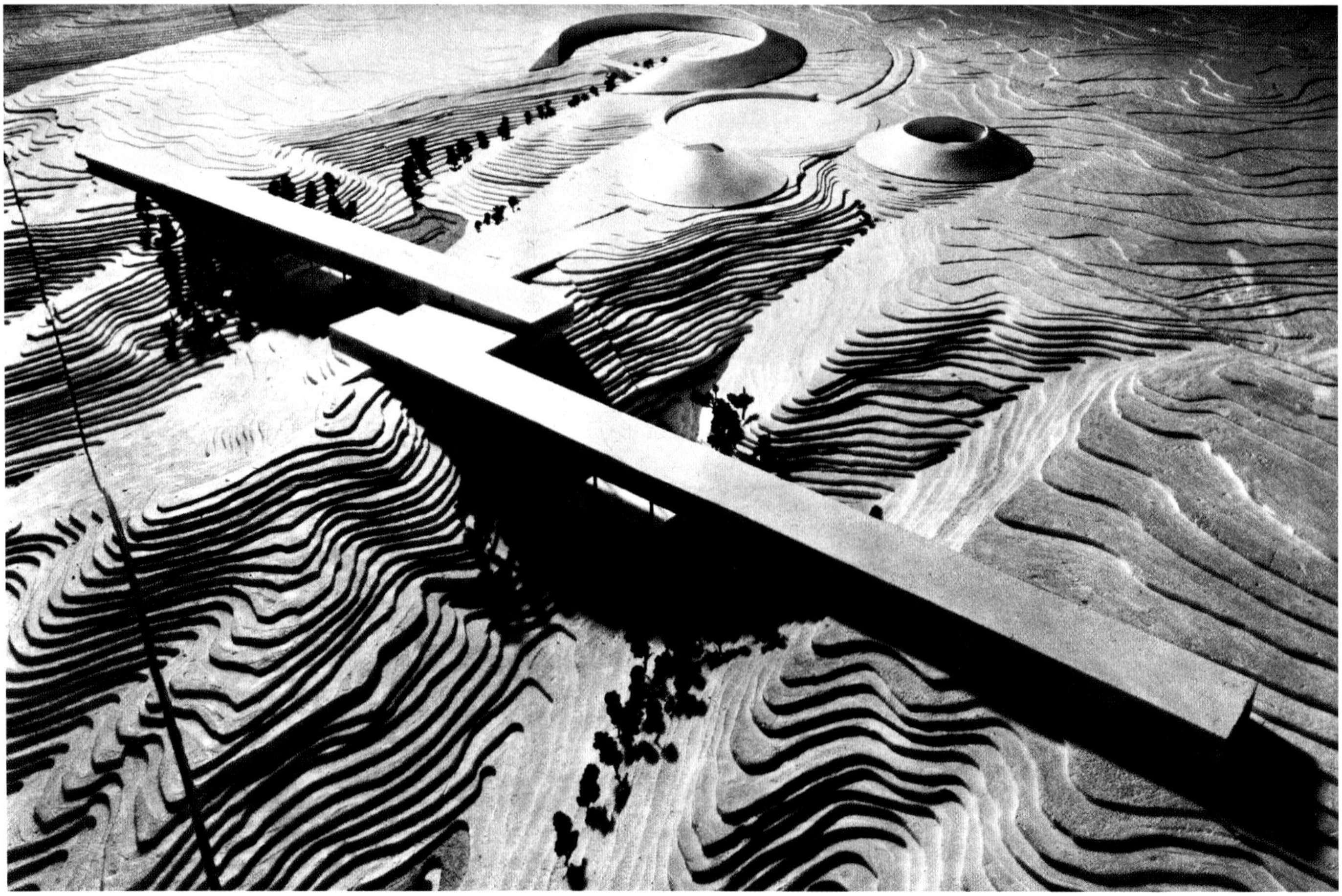

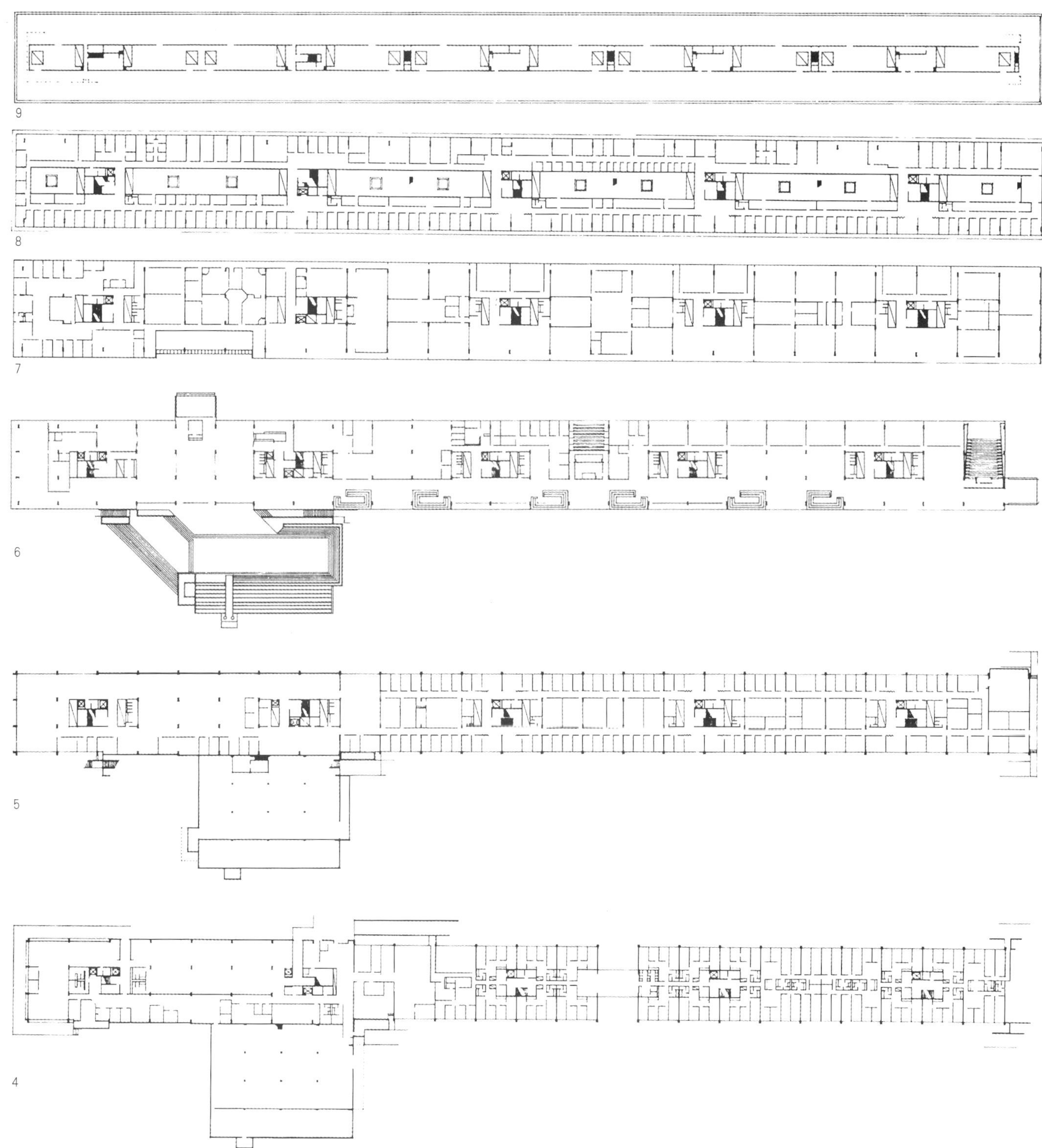
9
8
7
6
5
4

行开放的空间组合的原因。在开罗，在开放的空间内，学生、商人或坐、或躺于地毯之上，或聆听、或祈祷、或阅读，或者仅仅是睡觉。作为这种理念的延伸，Lethbridge大学建筑的中心通道为一个没有变化、平等的空间，室内树木和阶梯状的长凳围合成小型授课和讨论的场所。这种中心交通区与主要教学空间和休息区的结构，吸引了众多的教授和学生使用，但是在高等教育建筑中却非常稀少。

Lethbridge大学的功能分区设计没有SFU建筑的教学区和休闲区，自然学科和人文学科之分。建筑空间之间惟一有区别的是不同功能定义的空间：实验室、大讲堂、小教室、办公室和宿舍等不同空间类型。整个建筑没有院系之分，所有空间都是交叉布置的。教师使用的办公空间也是尺寸相同的、平等的和可以

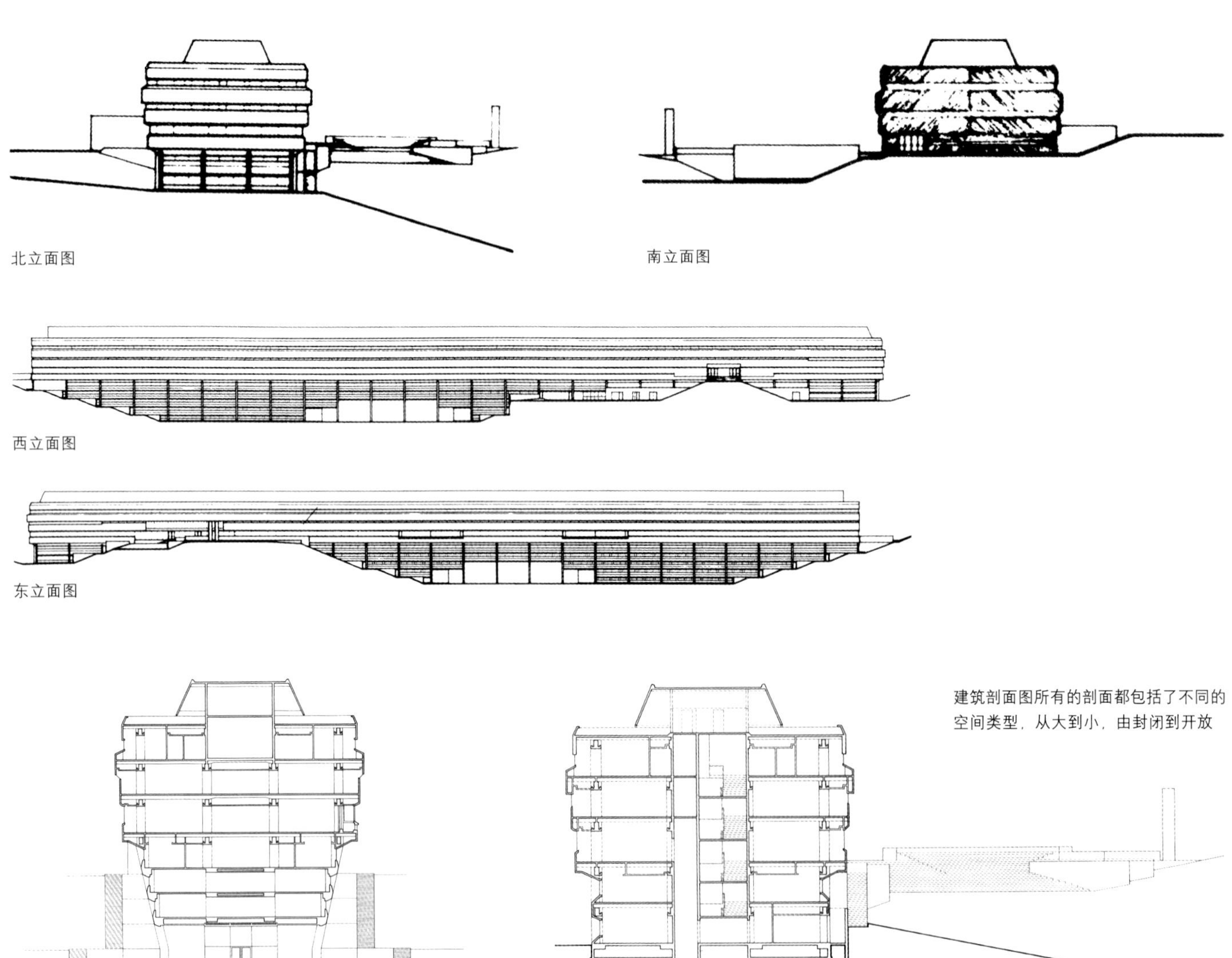
北立面图

南立面图

西立面图

东立面图

建筑剖面图所有的剖面都包括了不同的空间类型，从大到小，由封闭到开放

与西蒙菲沙大学建筑相似，Lethbridge大学的交通空间与教学和休息区相结合。摄于20世纪70年代。照片来源：艾里克森建筑设计事务所

位于山谷底部的广场、河流以及作为标志物的烟囱。摄于20世纪70年代
照片来源：艾里克森建筑设计事务所

通用的。学生宿舍同样位于学校同一栋建筑之中，赋予学生对于学校的归属感。

建筑的内部空间组合层次明确，结构功能与建筑功能相结合。需要最大跨度和承载最重设备的实验室等的大空间位于建筑物的顶层。中间层是主要的交通空间，以及大量的可以灵活使用的空间。交通空间中包括了室内绿化和阶梯状的长凳围合的开放性的讨论和教学区。小型的空间，比如办公室和宿舍则布置于建筑物的底部河谷之上。学生可以更好地享受山谷底部的绿化和微气候。

为了抵御北美大草原的严酷气候和强烈的阳光，Lethbridge大学的建筑尽量少的开口。强烈的阳光给建筑带来对比强烈的阴影。整个建筑立面没有装饰，仅仅是简单处理的混凝土墙面。景观设计同样没有花哨的装饰。河水由一系列的水池引入建筑物，建立建筑物与水体的关系，并且作为景观植物灌溉用的水源。校园内的标志物是位于锅炉房顶部的烟囱。锈蚀的彩色烟囱标志出室外多功能区，简单有力的形象在大草原的自然景观和混凝土包围之下十分突出。

1970年大阪世界博览会加拿大馆

建造地点：大阪，日本

建造时间：1970年

建筑面积：3940m²

"在国外设计一个适合当地的观览建筑，对于每一个建筑师和设计事务所都是一个挑战。这个建筑必须向另一个国家展示本国的文化。但是，什么可以代表加拿大的文化？首先进入我脑海的是加拿大的广阔和原始。追求精巧和细致的建筑细节和构思是不可取的，特别是与历史文化悠久的欧洲和东方国家的展览馆相邻。这个建筑必须是粗犷和有活力的。"

——艾里克森

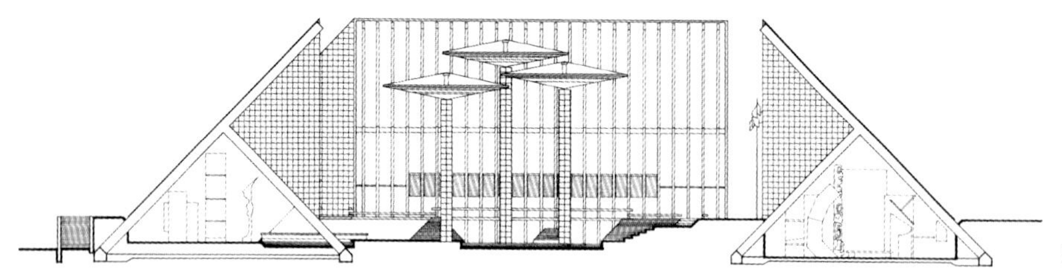

建筑剖面图

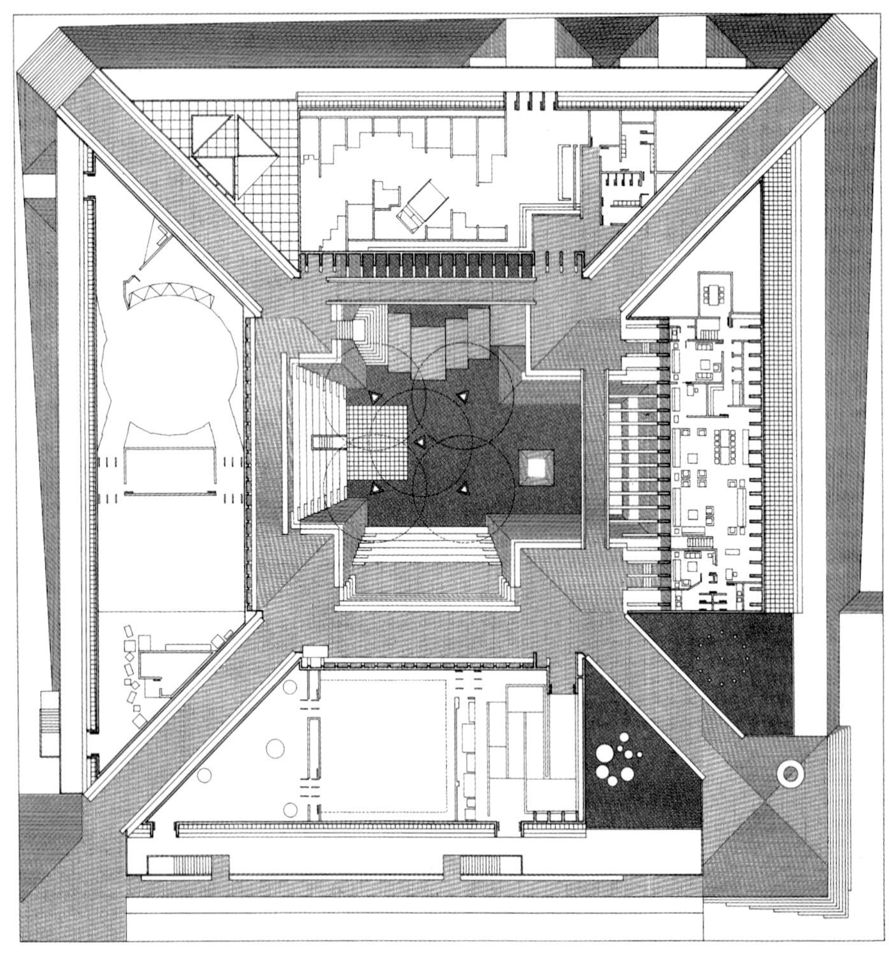

建筑平面图

1970年大阪世界博览会加拿大国家馆建筑设计竞赛分为两个阶段，艾里克森的方案赢得了最后的胜利。正如艾里克森所理解的日本传统文化和加拿大文化之间的差异，如何在一个文化背景深厚而且迥异的国家，用建筑语言传递可以代表一个文化短暂而且不鲜明国家的特点是一项艰巨的工作。首先，艾里克森认为一个文化的产生需要长达数百年的时间，对于加拿大从来都没有足够的时间培育自己的文化。外来文化的影响对于加拿大来说就十分重要。其次，艾里克森年青时代在日本的经历，这一点对于大阪世界博览会加拿大国家馆的设计的作用举足轻重。

在艾里克森看来，20世纪50、60年代日本的主流是反传统的建筑形态，但同时却又表现出深植于日本文化中的理念。首先，与西方文化相比，生生不息，

入口处的玻璃幕墙反射出一个现实和虚幻交织的空间。照片来源：艾里克森建筑设计事务所

天理循环的东方世界观在日本艺术界的影响可谓根深蒂固，这一点反映在日本建筑、园林、陶瓷艺术等等各个艺术领域。其次，含蓄暧昧的东方文化，赋予世间的物质一种朦胧的美感，含糊的物质形态没有明确的质感，却有一种若有若无的吸引力。大阪世界博览会加拿大馆的象征意义与建筑形态的结合是将建筑引入更高的境界。与日本建筑景观的小巧和繁复相比，加拿大的景观特点应该是空旷和巨大的——宏大的尺度，简单的形体，抽象化的意境。但是简单并不意味着枯燥，艾里克森由传统的伊朗建筑的镜面玻璃的使用产生灵感，整个建筑像是一个冰体的山脉。

展馆的主体是环绕着中心花园的4个塔状构筑物。位于中心花园平静的水面中央，中心表演台屋顶是由5棵可以缓慢

左页左上及右上图：镜面玻璃反射出的奇妙景象。照片来源：艾里克森建筑设计事务所

左页左下及右下图：五彩的顶部在位于展馆中央缓慢旋转的柱子的镜面玻璃反射之下呈现出的虚幻世界。照片来源：艾里克森建筑设计事务所

左上及左下图：水、玻璃和阳光一起塑造出建筑物的形象。照片来源：艾里克森建筑设计事务所

右上图：屋面层平面图

右下图：从入口通道仰望建筑，建筑的边缘似乎消失了一部分。照片来源：艾里克森建筑设计事务所

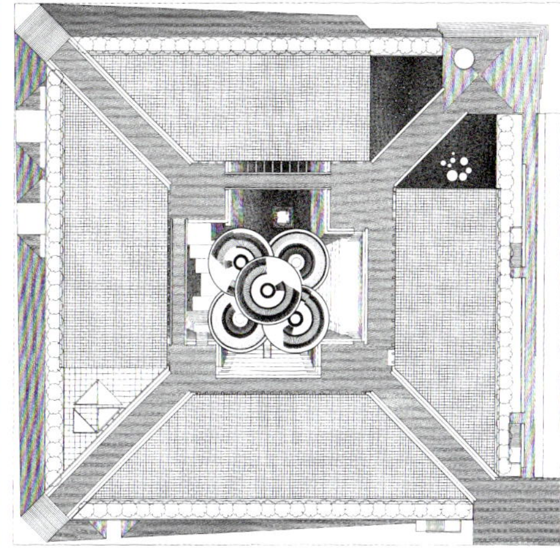

本页图：入口全景，独特的造型吸引了众多的参观者。照片来源：艾里克森建筑设计事务所

右页图：室内空间的夜景
照片来源：艾里克森建筑设计事务所

旋转的柱子支撑。从外部来看，4个位于塔状的构筑物之间的狭小开口隐约可以显露出内部的色彩和活力。覆盖着镜面玻璃的整个展览馆显得神秘、空旷和单纯。展览馆的主体建筑的表面是45°仰角的镜面玻璃，反射出的蓝天白云，使整个建筑物的形体仿佛不存在。当参观者接近建筑物时，会觉得天竟然如此接近。中心庭院是整个展览馆视觉上凉爽清澈的庇护所。这种利用水面和镜面反射的形象，营造虚幻建筑世界的手法在传统东方建筑中是常见的。早年游历日本金阁寺的经历在艾里克森数次重要的演说和文章中都被多次提及。

镜面玻璃和水体等反光材料的设计组合将建筑引入一个奇妙的境界，建筑物的边界虚幻与景观融为一体，甚至不知道建筑何时开始，何时结束。建筑物本身超越了时间和空间的限制，曾经在6月的一天，阳光在潮湿的空气中反射出的光和色彩幻影高达120m。室内的5棵缓慢转动的柱子上绚烂的色彩是艺术家高登·史密斯（史密斯住宅的业主）绘制，类似万花筒谜幻般的图案。镜面的柱体、水面和绚烂的色彩组合出展览馆的核心。不论是在白天还是夜晚，展览馆都在人们的视野

中隐身，无缝的镜面玻璃表面是整个建筑设计效果的关键。对于艾里克森，传统日本建筑中是以土地为主题的建筑形态，强调精致的空间组合，小巧的建筑景观；而欧洲建筑传统之中则强调开阔的空间以及天空因素对于建筑的作用，二者有很大区别。

东方变化无常的生活观和传统的艺术理论在大阪世界博览会加拿大馆的建筑中体现得如此淋漓尽致。艾里克森所使用的简单表现手法表达出的深刻含义的设计得到观众和建筑界的认同。独特的建筑形象，丰富的水中舞台上的音乐、舞蹈等活动，使加拿大馆被称为“年轻的展馆”。日本建筑师协会记录了参观加拿大馆创纪录的参观人数。对于日本人来说，加拿大是一个拥有空旷的土地、高大的山脉和广阔的天空的年轻国家，而加拿大馆则是充满光和色彩的魔幻世界。

1967年蒙特利尔世界博览会——人与社会馆

建造地点：蒙特利尔市，魁北克省，加拿大
建筑规模：8000m^2
建造年代：1967年

"有人说，举行世界博览会是对精力和金钱的浪费，但是对于社会中的人来说，最重要的是如何浪费得好。对于我来说，博览会的重要性不仅在于博览会是国际交流的时机，而且可以满足深藏在人们内心中对于节日狂欢的渴望。在我们身处的机械化的世界中，人们倾向于轻视社会精神世界的价值，但是，一些事物，特别是庆祝人类成就和希望的盛会，仍然是具有价值的。"

——艾里克森

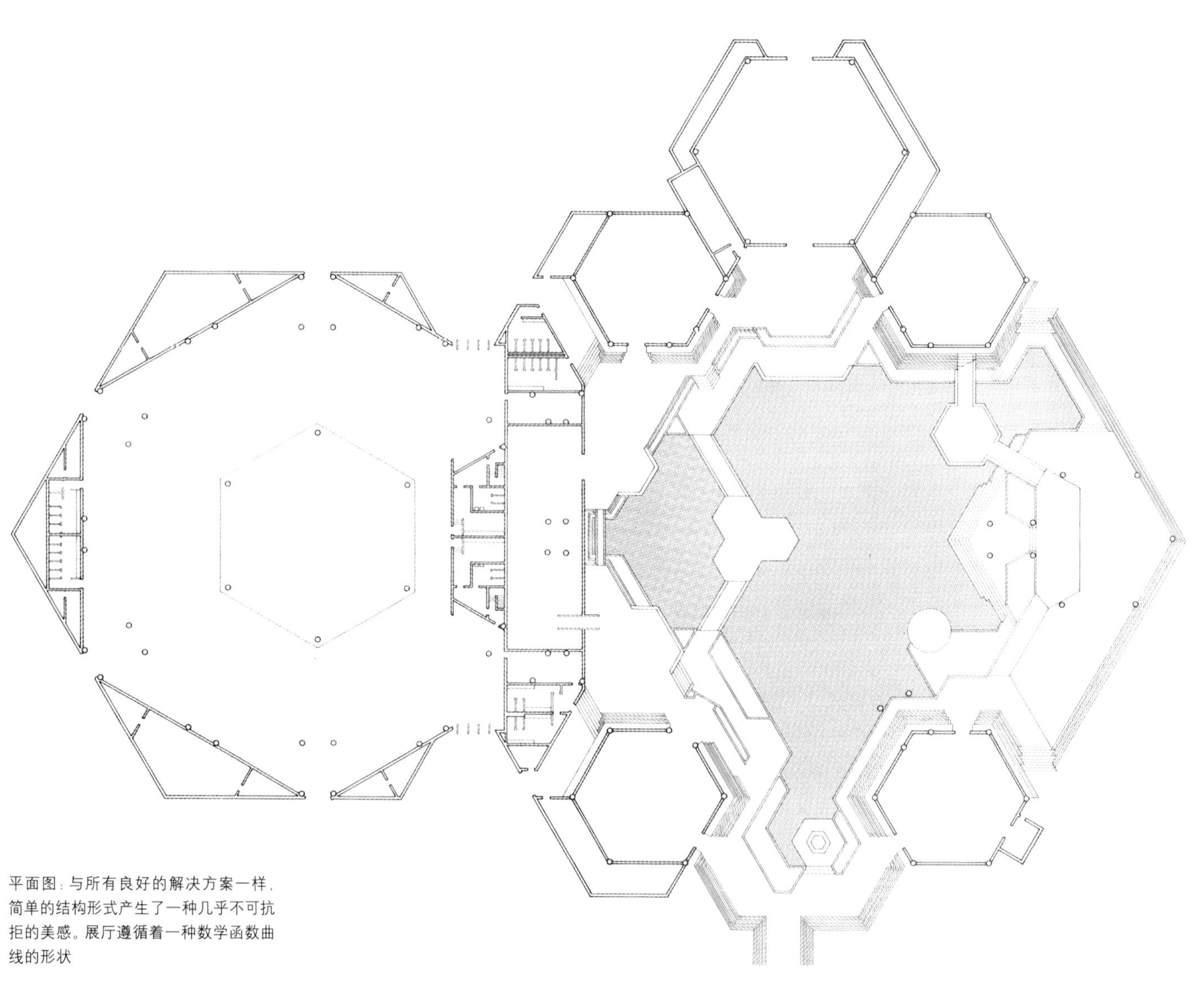

平面图：与所有良好的解决方案一样，简单的结构形式产生了一种几乎不可抗拒的美感。展厅遵循着一种数学函数曲线的形状

1967年举行的蒙特利尔世界博览会是第一个有主题的世界博览会，其主题为：人与世界。在大范围的主题之下，有众多小型的分主题馆：人与北极，人与海洋，人与太空。展馆的建筑物是由不同的国家捐献的。加拿大承建的展览馆为一系列主题展馆中的两个。建筑设计要求由加拿大顶级建筑师设计，并且反映展示的主题——人和世界——的不同观点，以及展示不同的建筑设计施工技术。作为主办国家，加拿大建筑师的工作不仅是展示一种新颖的建造技术，而且对于由不同国家设计建造的所有的不同主题展览馆起统帅作用。艾里克森及其事务所的工作范围包括人与社会馆建筑设计的全过程，现场施工指导，与其他专业设计师协调工作以及协调与展览会组织者的工作之间的配合。

建筑的主题曾经困扰着艾里克森的设计。如何表达出这种纷繁复杂的人与社会之间的关系是展览馆设计的最大挑战。人与社会之间的关系似乎充斥着过于消极的观念，饥饿、疾

本页图：展览馆夜景。照片来源：艾里克森建筑设计事务所

病、战争、人口膨胀、罪恶等等，让设计师驻足不前。展览设计师罗宾·布什（Robin Bush）与艾里克森一起选择以一种独特的方式表达真实的无穷无尽的世界观。展览馆最初的设计理念是提供尽量安静和与环境协调的大跨度空间，在每一个方向的视角上观看造型和空间都是无穷无尽的。构筑物的中心区域是一个巨大而且安静的花园，代表着展馆主题——人在现实社会中的生活——的一系列小的主题馆环绕着中心布置。小的主题馆是一系列大小不一的展示舱位，从30cm到9m宽，像一个有组织的社会一样环绕着一个美丽的花园。在花园之中，参观者所接触到的是鲜花、鸟语和游鱼。在另一种意义上，展示舱所代表的人造的世界，与喻意着自然世界理念的花园并不相互混淆。在功能上，这些小型展厅的存在缓和了展览会本身的喧闹和花园的安静之间的矛盾，小型展厅的隔断将噪声对中心花园的影响降低。

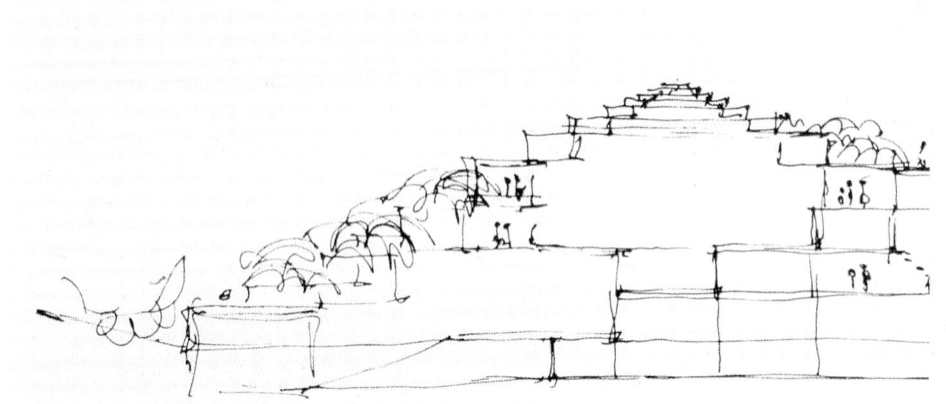

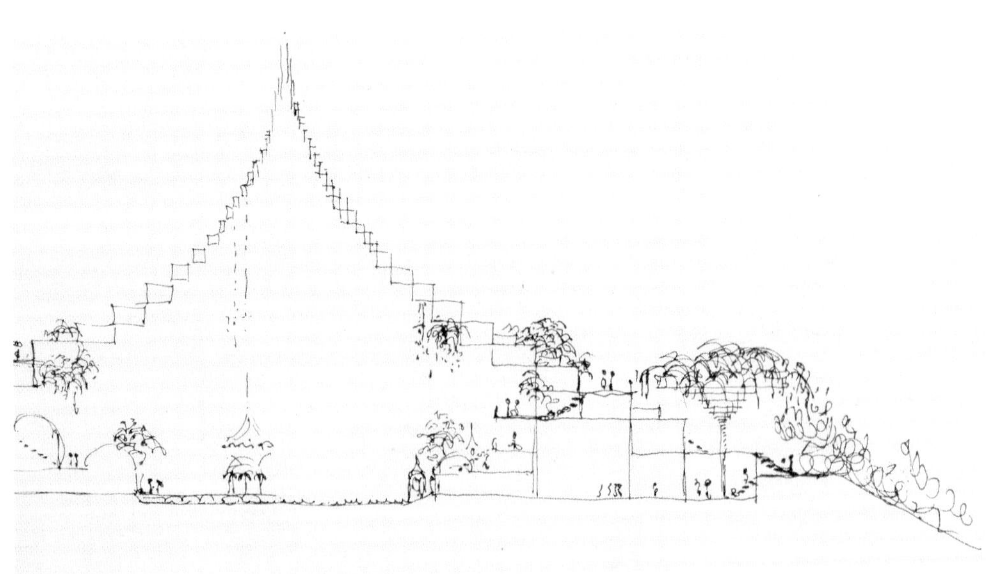

构思草图，整体造型来自于东方的热带木屋建筑

整个建筑物选择木结构的原因是因为加拿大建筑业的传统。展馆的结构设计十分富有创造性，一系列六角形的箱形梁架层层交错重叠向上伸展。建筑底层的最大跨度有30m，材料尺度非常大，运输时需要特别的安排以通过洛基山脉。高达1.8m的结构梁的在中心高处尺度减小，以满足外立面的尺度。光线由屋面层的PVC塑料板射入中庭。一层悬挂于六边形梁的内部的透明材料，在视觉上可以减轻建筑屋顶的沉重感，柔和室内的光线组合，但是对于结构和施工则是一种挑战。艾里克森在东南亚国家的经历对于蒙特利尔世界博览会的建筑构思的贡献是显而易见的：整体建筑的形态与热带的板式阁楼有很多类似的地方。

中心花园在喧闹的展览会中的片刻宁静令人难以忘怀。展厅中心的投影水池，反射出四周的景致，进一步将空间向立体纵深方向扩展。整体建筑物营造出一种如梦似幻的空间。蒙特利尔世界博览会不是一个简单的工程，甚至在建筑施工阶段，展览会的主题仍然在修改变化，最后确定的主题是由多个国家捐献的六个主要展览厅。中央展厅的花园在博览会开幕的初期因为蒙特利尔的寒冷天气而并不出众，但是随着天气变化逐渐适应的植物的生长使整个花园变得十分具有吸引力

展览馆内的花园和水池。照片来源：艾里克森建筑设计事务所

左页左上、左下图：屋顶仰视图和建筑模型。照片来源：艾里克森建筑设计事务所

左页右上、右下图：不同角度的屋顶，为了表达社会中的人类无穷无尽的观点，展馆的形态为一个巨大的木结构帐篷状的构筑物，垂直方向上向中心无止境的伸展，同时水平方向上同样是无止境的向四周延伸。照片来源：艾里克森建筑设计事务所

上图：剖面图：与所有良好的解决方案一样，简单的结构形式产生了一种几乎不可抗拒的美感。展厅遵循着一种数学函数曲线的形状

下图：展览馆全景。照片来源：艾里克森建筑设计事务所

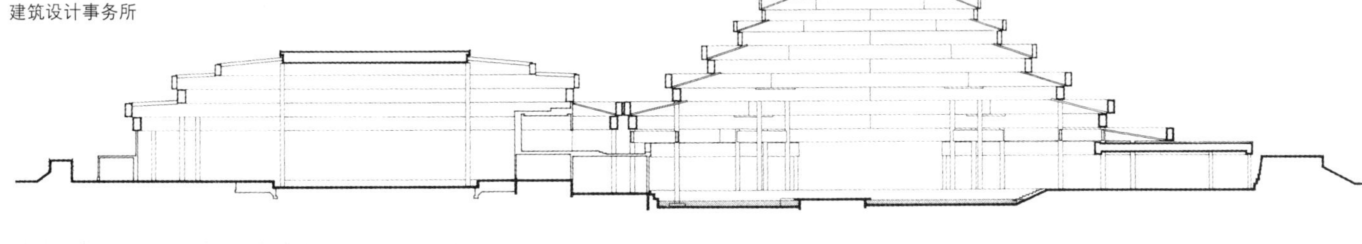

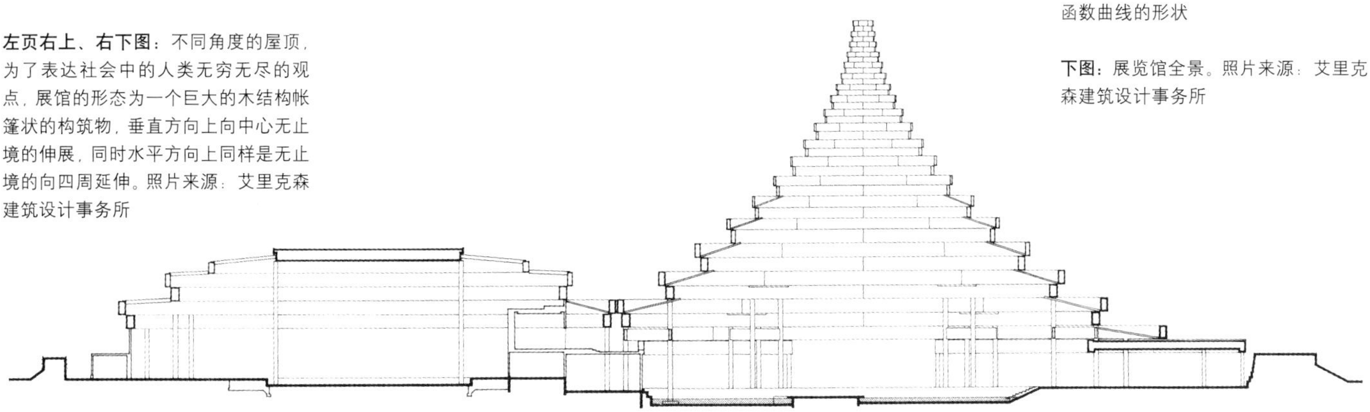

加拿大国家银行

建造地点：渥太华市，安大略省，加拿大

建造时间：1979 年

建筑规模：85000m²

合作建筑师：Manari Rounthwaite & Dick

上图：建筑剖面图，古典的旧国家银行的立面成为新的建筑物中庭中不可替代的一个墙面装饰

下图：建筑首层平面图，两侧的塔楼跨越在古典的旧国家银行建筑的上部。一个共有的中庭连接三个不同的部分

右页上图：室内中庭的设置如同一个建筑绿洲，在渥太华寒冷的冬季提供了一个温暖的聚会场所
摄影：Steven Zhen Wang

右页下图：加拿大国家银行的镜面玻璃幕墙在充斥着古典建筑语言的渥太华国会山街区中展现着一种自信的姿态
摄影：Steven Zhen Wang

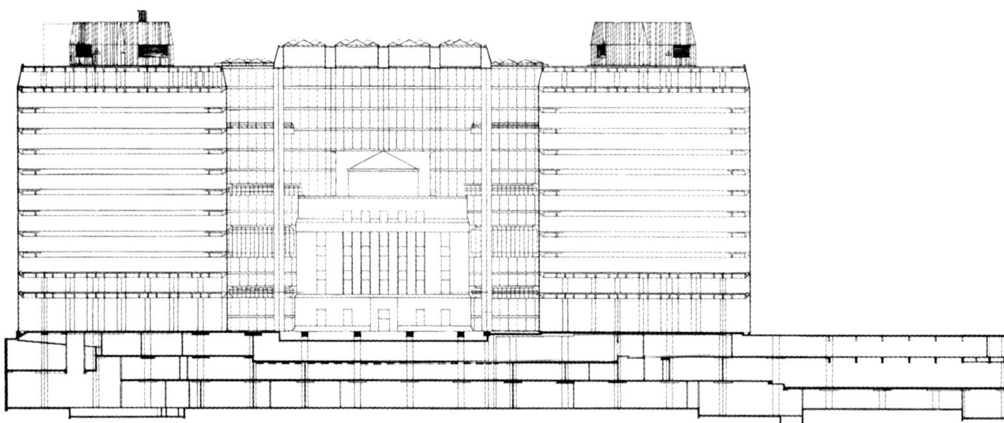

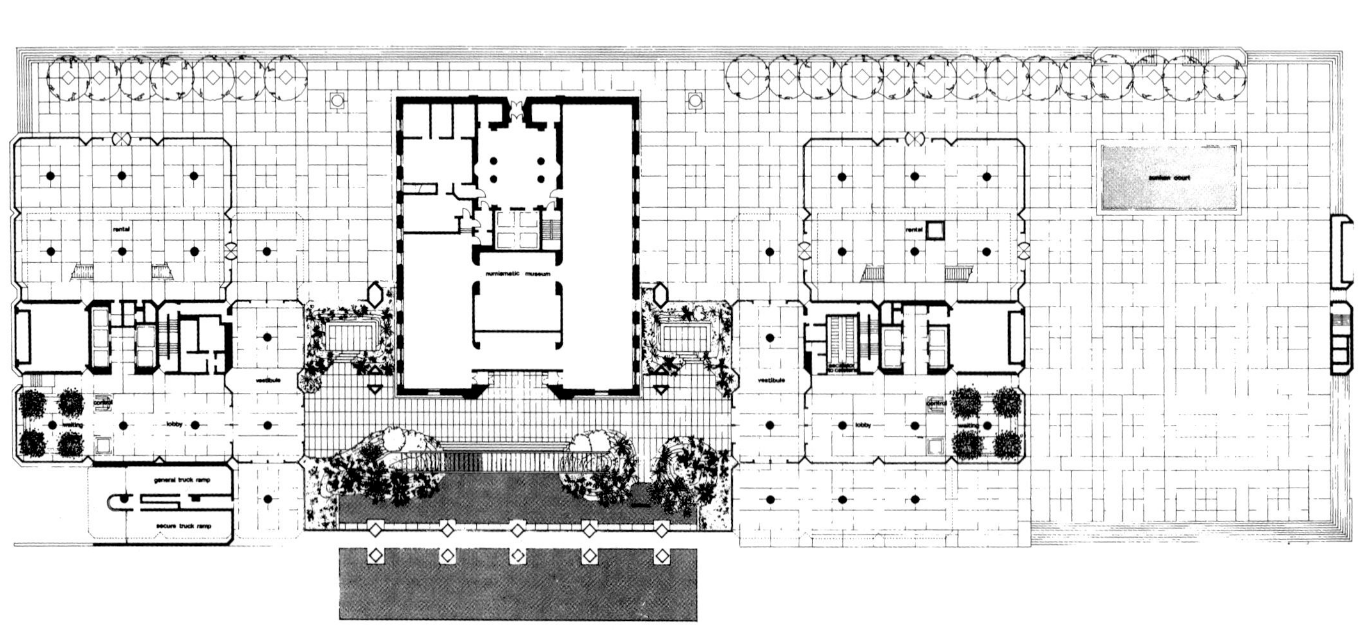

加拿大国家银行位于渥太华国会山街区内十分显著的位置，与加拿大国会大厦相邻。整个街区的重要建筑物形态和风格都是传统古典化的。原有的旧的国家银行的建筑是传统的、外表结实的金融建筑。建筑设计任务除了加建新的建筑使用空间之外，还有改建原有的古典式银行建筑物。设计的要点和挑战性都在于新的建筑物风格如何与原有的包括国会大厦在内的整体街道空间保持和谐，并且在视觉上保持完整。

加拿大国家银行新建部分是两栋12层的高层建筑跨越于旧的多层银行建筑之上，以一个高达80m的贯穿整个建筑的室内花园相连。形态古典的旧建筑物得以完整的保留，并且如同嵌入新的玻璃盒子内一个不可替代的精致装饰。旧银行建筑的后部与室内花园融为一

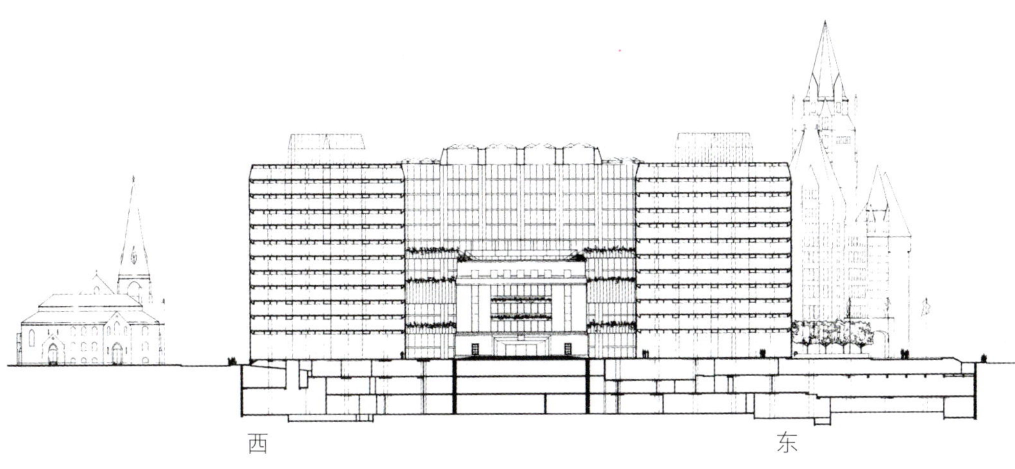

左页图：新旧建筑物的结合。镜面玻璃幕墙反射出四周的建筑物以及天空中的蓝天白云。摄影：Steven Zhen Wang

上图：建筑剖面图显示出新旧建筑和四周古典建筑之间的关系

下图：镜面玻璃幕墙反射出渥太华的蓝天白云，同时也透露出室内的建筑结构。斑驳的铜质建筑材料包裹的结构柱子和突起的玻璃镜面棱角给建筑物添加了一份趣味。摄影：Steven Zhen Wang

左页图：从国会山的角度瞭望加拿大国家银行的主立面
摄影：Steven Zhen Wang

上图：在镜面玻璃幕墙的衬托之下，斑驳的铜质建筑材料给新建筑添加了一种沧桑的历史感
摄影：Steven Zhen Wang

下图：中庭是新旧建筑之间交流的场所。摄影：Steven Zhen Wang

体，绿色的植物攀爬于原有的旧建筑物的外立面——现今是室内——的墙面之上。透明的玻璃天窗和玻璃幕墙为室内植物提供了充足的阳光。即使在渥太华寒冷的冬天中，整个室内庭院也如同一个与外界隔绝的热带绿洲。

建筑物的外立面为镜面玻璃和斑驳的铜柱，铜制表面的立柱也同样使用在室内。即使原有的银行建筑的立面和结构得到完整的保留，但是设备和室内装饰则被全面改建。两个新建筑的塔楼以三面镜面玻璃为外墙，反射出四周的建筑景观，而面对中庭的一面则使用普通玻璃。镜面玻璃的幕墙反射出四周的古典建筑形态、街道的景观和渥太华丰富的天气变化。玻璃幕墙由数个竖向的角度变化的玻璃突起反射出的物体与其他镜面玻璃所反射的形态不同，给平静光滑的玻璃幕墙增添了一种趣味。

上图：铜质建筑材料同样运用于室内，强调建筑材料的丰富质感是艾里克森建筑的一个特点
摄影：Steven Zhen Wang

下图：旧国家银行的古典立面是中庭的一个重要的趣味中心，其作用无法替代。摄影：Steven Zhen Wang

右页图：中庭室内空间，新旧建筑之间由天桥相连。摄影：Steven Zhen Wang

加利福尼亚大厦

建造地点：洛杉矶，加利福尼亚州，美国

建筑规模：120000m²

建造时间：1980–1990年

"加利福尼亚大厦是洛杉矶中心区的庞然大物，设计和其他的参与者有很多，而且根据经济和商业情况的改变而经常变化，但是所有的参与者都有一个共同的目标：那就是改进和增加这个位于洛杉矶盆地内的中心区作为商业和居住区的活力。"

——艾里克森

与伦敦等城市相似，洛杉矶没有真正意义上的城市中心。各个社区各自为政，每一个区域都有自己的中心。洛杉矶城市急速扩张开始于20世纪40、50年代，以廉价的远离市区的土地和极度依赖私家车的交通方式为基础，洛杉矶的城市缺少有效的公共交通系统，全面的规划和真正意

下图：最初的设计效果渲染图，展示了新的建筑物与四周建筑之间的关系和公共空间之间的连接。图片来源：艾里克森建筑设计事务所

右页图：加利福尼亚大厦的夜景

摄影：Steven Zhen Wang

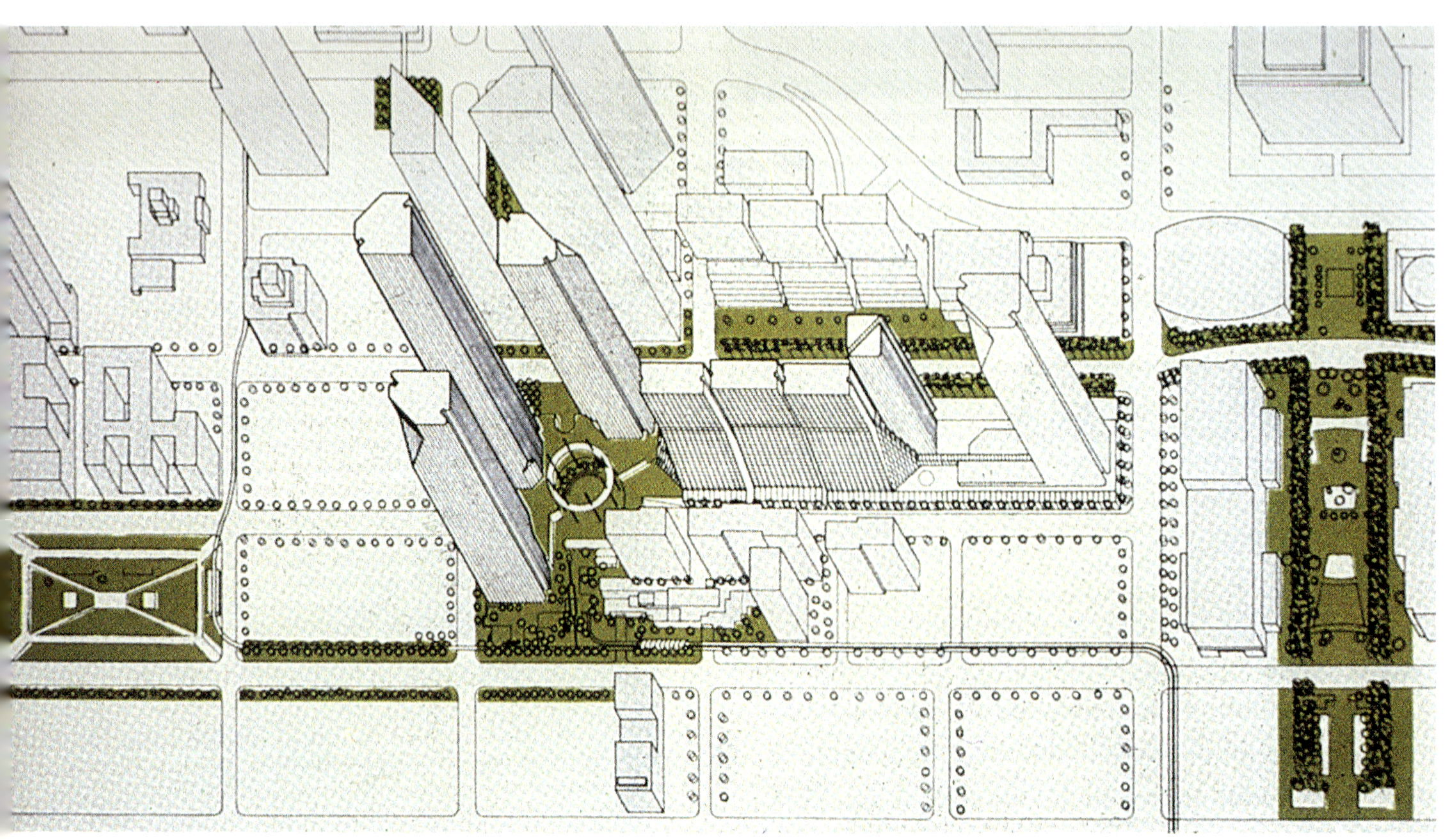

义上的城市中心。加利福尼亚大厦是洛杉矶市中心罕有的巨型建筑开发项目，总用地面积45000m²，占有洛杉矶市中心的4个自然街区。整个设计施工的过程长达10年之久，而且整个过程由洛杉矶市社区发展委员会（简称CRA）参与和监督。CRA甄选开发和设计团队的过程十分小心，整个计划跨越长达数十年之久。在1980年，首期35000m²的用地投入竞标。通过洛杉矶本地建筑事务所Tim Vreeland的联系，艾里克森的事务所作为建筑设计规划者参与竞标。经过长达三个月的努力，艾里克森的团队击败其他来自北美洲的团队赢得了竞赛。艾里克森的工作包括总体规划设计，并与当地建筑事务所合作，综合建筑物的各部分和整体的建筑效果。加利福尼亚大厦的参与者众多，而且功能复杂，

其最重要的宗旨是重建洛杉矶的市中心的活力。

除了艾里克森，所有其他的建筑设计都是遵循原有的城市脉络，按照原有建筑文脉，组织安排建筑物。艾里克森的方案是惟一打破原有的城市肌理的设计方案。以步行的架空天桥连接各个大厦，甚至是周围未来有发展潜能的临近街区，整个建筑物和景观如同一系列可供人步行的城市花园。加利福尼亚大厦设计竞赛的胜利同时也是艾里克森对于理想城市构成的理念的胜利。在罗宾逊广场设计中表现的城市设计理念得到了延伸。同时，CRA对于加利福尼亚大厦设计计划的支持是整个项目成功的有力支持。CRA没有屈从于短期的经济效益，而削弱加利福尼亚大厦作为洛杉矶城市中心标志建筑物的地位。公益性功能在整个开发计划中得到应有的关注，比如非营利的剧场设置。

高大的办公楼建筑位于用地的尽端，与周围的高层建筑相邻，以一个中心表演艺术广场为核心。表演艺术广场有为电视转播和表演活动而设立的舞台上盖。加利福尼亚大厦还设有现代艺术博物馆、舞蹈厅、小型博物馆和多功能放映厅。餐馆和商店散布于大厦之中。三个较低的居住建筑体，一共容纳了750个居住单位，并且与另一端的450间客房的豪华酒店相协调。绿化和景观沿居住建筑布置。

对于现代艺术博物馆，艾里克森最初的方案是以步行街道为脉络——沿着街区的外立面展开展品的布置空间。这种以步行为主的设计交通流线组织设计，得到CRA的否决。CRA强调步行化的设计与美国以私家机动车为主的交通方式现状不相适应。在今天，北美大城市旧城中心全面复兴，人口大量回流，而市中心机动车数量减少，艾里克森的构想有很大的超前性。现代艺术博物馆的主入口位于广场的一侧，而不是直接面对城市干道。现代艺术博物馆和第一栋办公楼为工程的第一期，并于1985年完工。二期工程中的酒店建筑由当地建筑设计事务所设计，并且设有带天窗的地下商业空间。大厦二期的舞蹈厅位于广场之下，惟一展示给公众的是其出入口。舞蹈厅的建造是为舞蹈家贝拉·莱维斯基（Bella Lewitsky）提供的表演场地。建筑的空间狭窄，动感旋转的玻璃体向天空伸展，如同舞蹈家优雅的动作。透明的玻璃天窗引导着公众向下进入舞厅的观众席空间。

左页图：最初的现代艺术博物馆设计概念效果渲染图，艾里克森的理念是以类似步行街道的公共空间联系城市和博物馆。矶崎新所设计的现代艺术博物馆沿用了艾里克森最初的设计理念
图片来源：艾里克森建筑设计事务所，绘图：Michael McCann

左图：从街道仰望塔楼，远处的建筑为1986年投入使用的第一栋高层塔楼
摄影：Steven Zhen Wang

右图：设计早期的高层塔楼设计研究草图，设计重点集中在高层的顶部和裙楼的部位。1986年投入使用的第一栋塔楼沿用这个设计概念，但是仅仅集中在裙楼的部位，而没有使用顶部的装饰

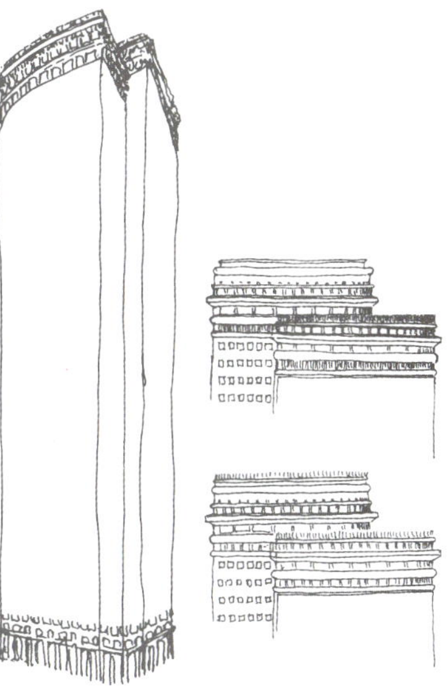

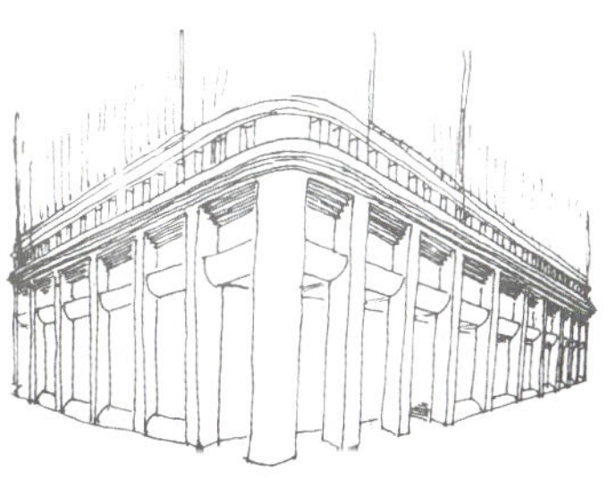

上图：总平面图，1986 年的更新版本，中间上部是日本建筑师矶崎新所设计的现代艺术博物馆（MOCA）

下图：集中在裙楼部位的装饰细部
摄影：Steven Zhen Wang

右页左上图：加利福尼亚大厦的现代艺术博物馆和高层办公楼是洛杉矶中心的标志之一。摄影：Steven Zhen Wang

右页左中图：街道与地下商业空间的出入口设置了平缓的阶梯和坡道，洛杉矶温暖干燥的气候是大量的室外活动空间和景观结合使用的先决条件
摄影：Steven Zhen Wang

与美国东海岸的城市不同，洛杉矶的历史文脉更接近西班牙式的风格。加利福尼亚大厦的花园是拥有流水、喷泉和芬芳的西班牙式的院落，而不是英国式的院落。表演艺术广场的座位呈环形露天布置，高于舞池层部分。舞池层设有餐饮设施。整个广场可以是夜晚的酒吧，白天的市场。巨大的喷泉占据了舞台的一部分，喷射而出的水体可以成为舞台的水幕。方形的广场景观由画家和戏剧芭蕾舞台设计师大卫·霍克内（David Hockney）参与设计。艾里克森对于广场花园的构想是精致的庭阁、船只、桥梁和海生物等自中古时代就吸引和激发人们想像力的物体组合。大卫·霍克内将整个广场设计为一个巨大的舞台，所有的物体，包括商店、餐馆甚至是桌椅都成为道具和装饰。大卫·霍克内将整个广场的景观设计提高到建筑师所难以达到的境界。

左下图：现代艺术博物馆与塔楼之间的通道和景观。步行广场的宁静与街道外的喧闹和交通噪声对比鲜明。右侧是旅馆建筑。摄影：Steven Zhen Wang

右上图：塔楼简单的玻璃幕墙分隔，高大的塔楼淹没在洛杉矶的雾气之中
摄影：Geoffrey Erickson

右下图：从现代艺术博物馆的入口广场仰望加利福尼亚大厦
摄影：Steven Zhen Wang

圣地亚哥会展中心

建造地点：圣地亚哥市，加利福尼亚州，美国
建筑规模：60000m²
建造年代：1987—1990年
合作建筑事务所：Deems Lewis McKinley & Loschky Marquardt & Nesholm

1984年春天，艾里克森赢得了圣地亚哥会展中心设计竞赛。位于加利福尼亚州最南端的圣地亚哥市与墨西哥在地理位置上和文化历史文脉上都十分接近。会展中心位于圣地亚哥美丽的海滨，一侧是圣地亚哥敏感的老城区的中心，另一侧就是著名的以美丽和终年温和的气候著称的南加利福尼亚州海滨。设计竞赛要求新的会展中心为当地社区和游客提供一个值得造访和享受的城市空间。

会展中心建筑作为一种建筑形态，对城市的结构有很多非同寻常的冲击。首先，其巨大的体量和空间尺度与城市的节奏和韵律难以协调，其次，随着会展中心落成而产生的众多使用者和运输交通服务等各方面因素对城市结构的干扰，会展中心带来的瞬间性高密集人流

本页图：首层平面图，会展中心的一侧紧邻的是铁路和公路，而另一侧是海湾的步行道路

右页上图：三角形建筑构件细部和如同海船帐篷般的屋顶
摄影：Geoffrey Erickson

右页下图：从圣地亚哥的城市中心观望会展中心。摄影：Geoffrey Erickson

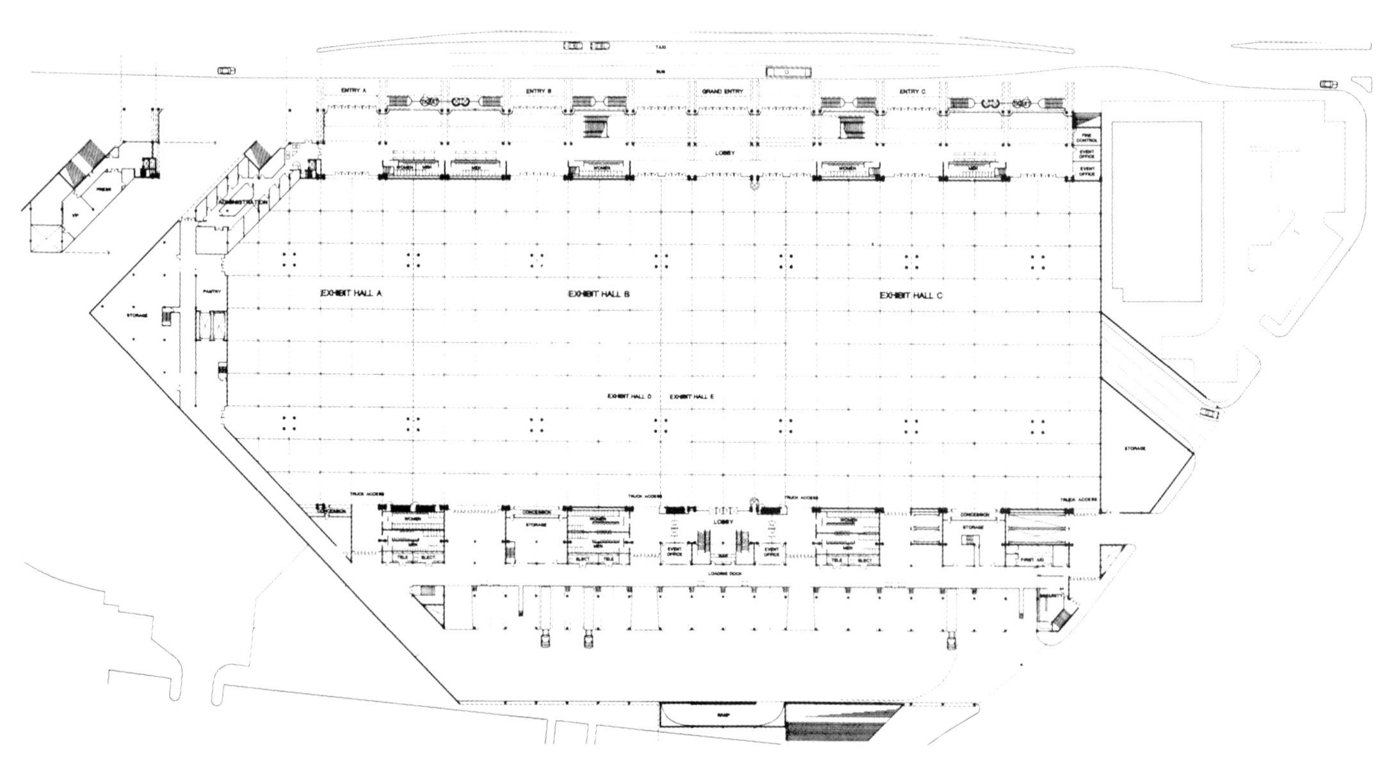

EXHIBIT HALL C

对于城市设施的设计和利用是一种挑战。艾里克森对于会展中心建筑的独特理解对于赢得圣地亚哥会展中心建筑设计是至关重要的。

艾里克森的方案建筑平面简单高效，以最少的建筑结构达到灵活多变和经济高效的平面组合。整个圣地亚哥会展中心建筑的组成部分有：动感的空间，宁静的花园和举行户外活动和仪式的帐篷空间。不论是从远处还是近处观看，圣地亚哥会展中心都如同一个扬帆待发的大船，超乎寻常的尺度使建筑成为社区内的趣味中心和焦点。

会展中心的出入口和交通流线设计清晰，展览大厅占据整个建筑中最大的体量。同时作为使用最频繁的部分，展览大厅设有与街道平齐的出入口空间和货车出入口。会展和会议空间尽量安排于公共空间和绿化平台之后。一系列的玻璃顶以入口厅为起点围合水平方向的交通流线，其建筑形态也沿着阶梯向上突起。这个巨大的透明空间与活跃的城市景观以及平静安详的海滨之间同样是相互连通的，而非隔绝。建筑物整体形象透明而轻快，室内和室外的活动交流是无障碍的。艾里克森希望用楔形玻璃顶构造扩展城市的空间，并且与圣

左页图：从对岸海岛遥望圣地亚哥会展中心和圣地亚哥的城市中心，圣地亚哥会展中心如同一艘待发的海船
摄影：Geoffrey Erickson

上图：圣地亚哥会展中心渲染效果图
图片提供：艾里克森建筑设计事务所

下图：临街一侧的圣地亚哥会展中心
摄影：Steven Zhen Wang

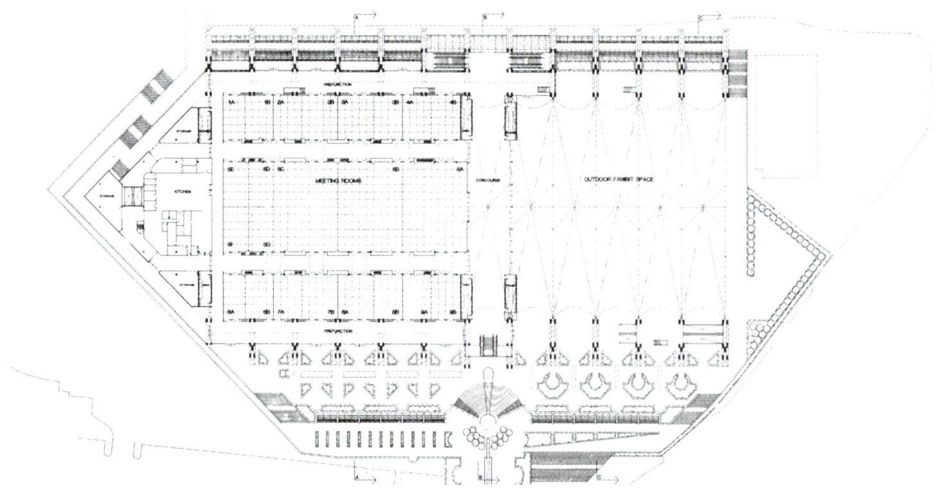

上图：上层平面图

下图：会展中心屋顶平台结构的帐篷拉杆、栏杆、天窗使用钢构件，寓意着圣地亚哥的航海历史。平台原本是开敞的，出于安全的原因，2001年安装的玻璃幕墙将整个空间完全封闭

摄影：Steven Zhen Wang

地亚哥蔚蓝的海水建立联系。

建筑师通过一系列的手法减小巨大展厅的体量，包括沿着海港大道的入口厅以玻璃围合，以及步行的绿化平台组合成一个造型感强烈的水平基座。基座之上的空间是会议空间和一个巨大的可以作为未来展厅使用的屋顶平台。屋顶平台由一个彩色的玻璃帐篷和防风玻璃围合成半封闭的空间，在圣地亚哥温和的气候下，这里是室外展览、接待和演奏会的良好场所。

上图：海滨步行道路和会展中心公共开放空间之间的宽大阶梯
摄影：Steven Zhen Wang

下图：会展中心面对海滨步行道路一侧的是城市开放空间和巨大的三角形建筑构件。摄影：Steven Zhen Wang

竖直的桅杆、旗帜和其他类似航海的帐篷构造物，代表着圣地亚哥的航海历史和文脉。艾里克森最初的设计是使用类似船只构造的钢结构支撑会展中心建筑，由于造价和消防的限制，完成的建筑物为钢筋混凝土结构，只是在细节部分，包括帐篷拉杆、栏杆、天窗使用钢构件。从城市的角度，圣地亚哥会展中心活泼的屋顶，连接平台的巨大阶梯和海湾优越的地理位置，都暗示着建筑物是属于整个城市而不是仅仅为展览者而建造的。

左页图：室内通道细部
摄影：Geoffrey Erickson

左图：连接海滨和会展中心上层开放空间的宽大阶梯如同古希腊剧场建筑一般的大气。摄影：Steven Zhen Wang

右图：三角形建筑构件细部
摄影：Steven Zhen Wang

PAGE 130

PUGET 海湾住宅

建造地点：华盛顿州，美国

建筑规模：740m²

建筑用地：121hm²

建造时间：1983 年

"组合一个松散的住宅平面不是一件容易的事，但是现场的自然景观条件可以给予平面组合一种良好的参照和解释。"

——艾里克森

左页图：早期的设计草图显示最初的Puget海湾住宅平面构思是一系列位于海滨悬崖上的长方形空间。餐厅介入并且打破了这个秩序。餐厅的布置是考虑到对着西北向的山谷中的农场以及东南向隔海相望的山脉

上图：起居室的外观，半圆形的廊柱围合了一个室内和室外之间过渡的空间
摄影：Steven Zhen Wang

下图：由西北向的山谷中农场开阔地仰望住宅、餐厅以及半圆形的屋顶突出了住宅的神秘。业主希望餐厅和农场之间有一个视觉上的通道。作为一个中转空间，位于餐厅前的小块开阔地弯曲了这个视线组合安排，春天的鲜花给予这个中转空间更多的趣味
摄影：Steven Zhen Wang

Puget海湾住宅位于美国华盛顿州海岸边度假型的家庭农场之中，服务对象是一对夫妇，短期回家暂住的子女，亲戚和商业来往的客人。位于美国西海岸西雅图西北太平洋海滨的断崖之上的家庭农场规模十分巨大，而且农场内的内容也十分丰富：饲养阿拉伯马的牧场，浆果园、水果园、沼泽地、针叶树林、阔叶枫树林和杨梅林。

Puget海湾住宅设计开始于1983年，也正是后现代主义最盛行的时期，艾里克森的方案同样是运用古典建筑的语言和符号，也是艾里克森仅有的两个运用后现代主义符号的建筑之一（另一个是加拿大驻美国大使馆）。传统美国乡村住宅的建筑语言，包括高起的坡屋顶，古典的廊柱，入口构造，当地特有的室内材料和外墙材料，运用于住宅设计中。整个住宅仿佛"应该"具有坡屋顶、众多的廊柱和倾斜的外墙板等古典建筑语言。但是古典建筑对于现代建筑的影响和现代建筑师对古典建筑的理解不仅仅限于表面化建筑语言的运用。

艾里克森的方案灵感来自雅典卫城，高高的位于断崖之上。Puget 海湾住宅的形态是以一个中心东向的花园联系一系列发散的构筑物，位于布满树木的悬崖之上，俯视着华盛顿的海湾和更远处庄严的Rainier山脉。与雅典卫城的神秘性相似，住宅的各个组成部分，有不同的尺度，各异的景观视角和形态。所有的构筑物以一种竞争姿态相互影响，围合空间。

艾里克森的构思是将建筑物的设计置于更大的范围内考虑：起居室与海湾和起伏的山丘建立对话，餐厅应该可以欣赏到树林草地的夕阳，主卧室则拥有森林的全景。结合了这些场地内的各种因素后，住宅零散的组合更容易理解。各个建筑的组成部分之间呈现不规则的角度，看似散乱的位于场地之中。艾里克森经过大量的试验和模型研究，寻找出最佳的建筑组合。由于场地内的用地缺少限制，一个中心院落是整个住宅建筑各部分组合的核心。一系列的坡道和阶梯连接建筑的各个部分。

住宅的空间序列十分生动，如同童话中的仙境一般。沿着蜿蜒的林中道路，从西面一个陡峭的坡屋顶构筑物进入住宅，然而，真正的入口空间与起居室和餐厅等主要的娱乐空间

左页图：业主对住宅设计的要求之一是有起坡的屋顶。入口处的锥形屋顶淹没在鲜花和灌木丛之中，铜质的屋面材料随着时间的流逝和自然的侵蚀产生一种斑驳的绿色。摄影：Steven Zhen Wang

左图：立面古典建筑语言的研究草图，艾里克森希望以一种简单的方式处理建筑立面，即使是使用后现代建筑语言的Puget 海湾住宅。最终的立面处理方式比草图中显示的还要简单：斜向布置的雪松板覆盖着大部分的外墙面

右图：起居室面对中心庭院的立面细部。摄影：Steven Zhen Wang

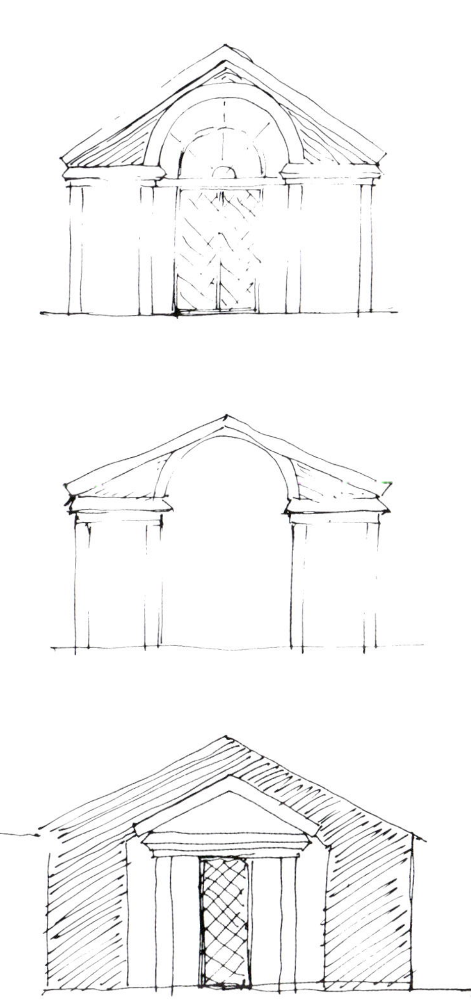

本页图：主卧室和起居室的外部。简单建筑语言的运用建立起住宅各部分之间的联系。摄影：Steven Zhen Wang

右页上图：面对海岸的客房和上部的中央庭院。最初住宅的屋顶设计是覆盖着铜质的屋面材料，但是经过 20 年的使用，大部分的屋面材料被更换为木材。客房面对着 Puget 海湾和远处的山脉。半圆形的实墙体围合出一个类似天井的空间，为其内部私密的洗手间提供通风采光
摄影：Steven Zhen Wang

右页下图：洗手间外部的空间设计是精致的。丰富的景观设计给使用者一种独特的感受，这种空间组合似乎来自于中国古典园林的空间安排。这种空间正是艾里克森所追求的"独特性"
摄影：Steven Zhen Wang

相连，同时也作为通向其他建筑物部分的中心轴线。

起居室的坡道联系住宅的上层和下层空间。下层空间包括客人房、休息室、健身房和设备用房。可容纳12人用餐的正式餐厅西侧是一个起伏的布满野花的山谷，更远处的是农田和阿拉伯马的牧场。主卧室的西南开口是一片杜鹃丛的树林。衣帽间和洗浴间的落地玻璃窗之外是一个封闭的花园，围合花园的高大弧形墙体和精心组合的植物一起围合出一个私密的精致空间。这似乎借鉴了中国古典园林之中的空间组合。厨房、设备间和温室连接着车库和其他的构筑物。厨房东侧的早餐区域外是一个倒影水池，也是对位于远处的海湾的一种呼应。一个有古典意味的开放观景台构筑物位于水池中央。

整个住宅为木结构的墙体，覆盖着花岗石或者是斜纹雪松板。松木板同样运用于屋面材料，入口和餐厅的屋顶和温室的廊柱包裹着铜质饰面板。每一个房间的门廊设计都是形态各异的，标志出建筑物的不同部分和各异的功能，但是整个建筑使用简单化的墙面材料创造出统一但却典型的美国乡村住宅的形态。

EPPICH 一号住宅

建造地点：西温哥华，不列颠哥伦比亚省，加拿大

建造时间：1975年

建筑规模：510m²

"Eppich住宅沿着山坡伸展的形态与Hilborn住宅相似，位于北美西岸的温和气候，允许Eppich住宅有更大的开敞空间。建筑一端与土地相连，另一端则悬挂于水面之上。"

——艾里克森

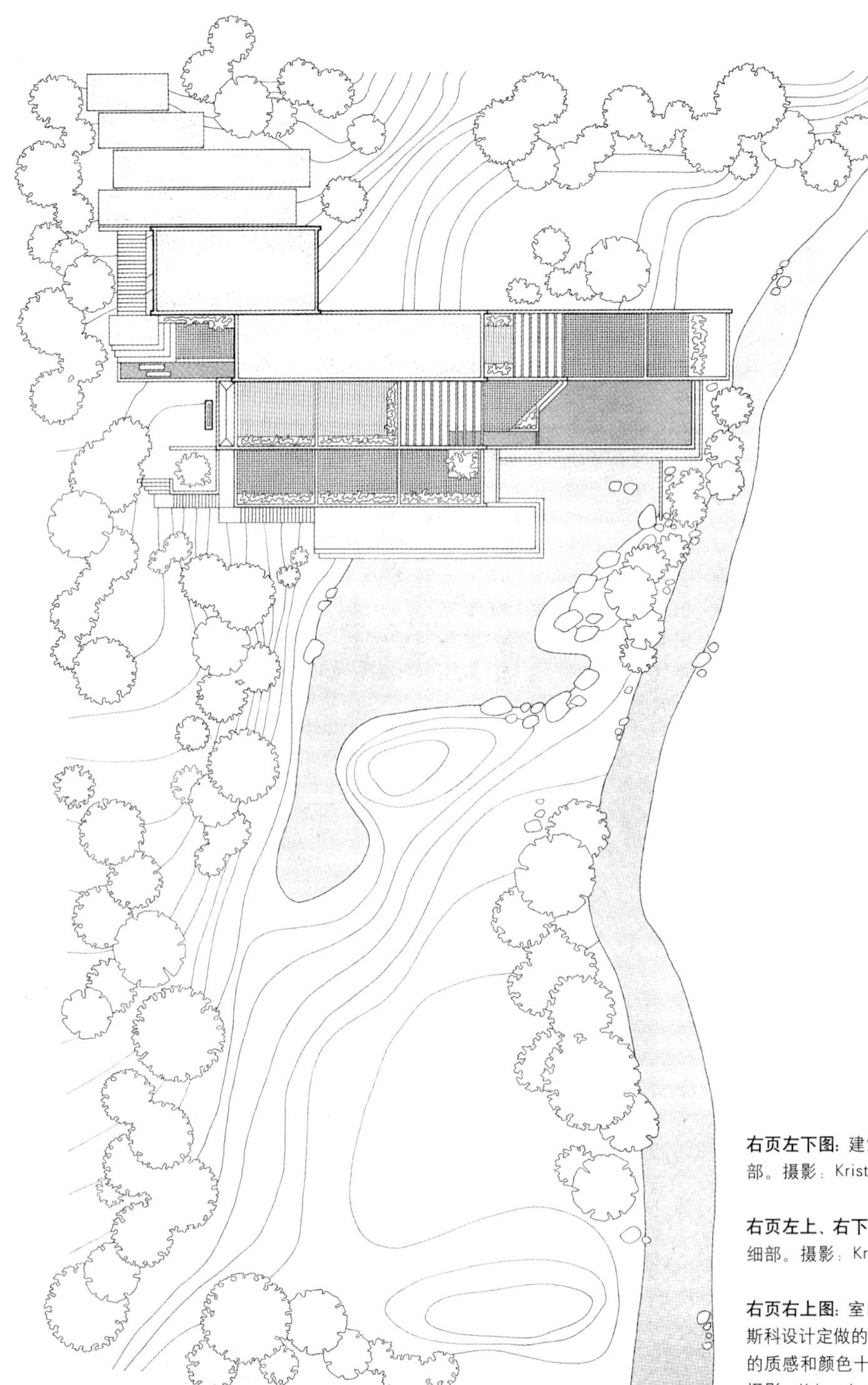

总平面图，蜿蜒而过的小溪给整个建筑带来了生机

右页左下图： 建筑与庭院入口细部。摄影：Kristopher Grunert

右页左上、右下图： 建筑与庭院细部。摄影：Kristopher Grunert

右页右上图： 室内设计师弗朗西斯科设计定做的家具与整个建筑的质感和颜色十分协调
摄影：Kristopher Grunert

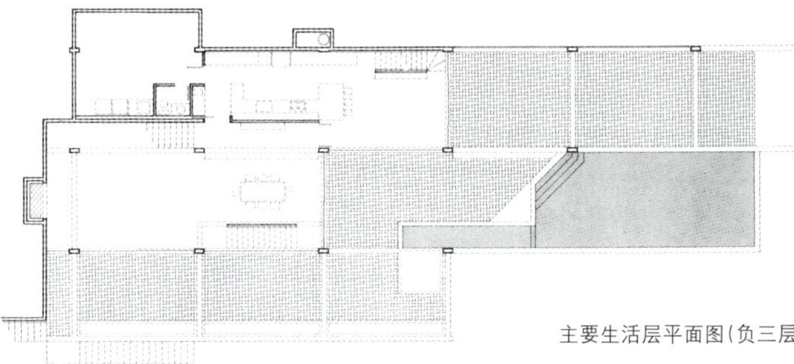

主要生活层平面图(负三层

左上图：建筑与景观紧密结合，如同生长在丰富的自然环境之中
摄影：Kristopher Grunert

右页下图：平静的湖水以及倒映其中的Eppich一号住宅
摄影：Kristopher Grunert

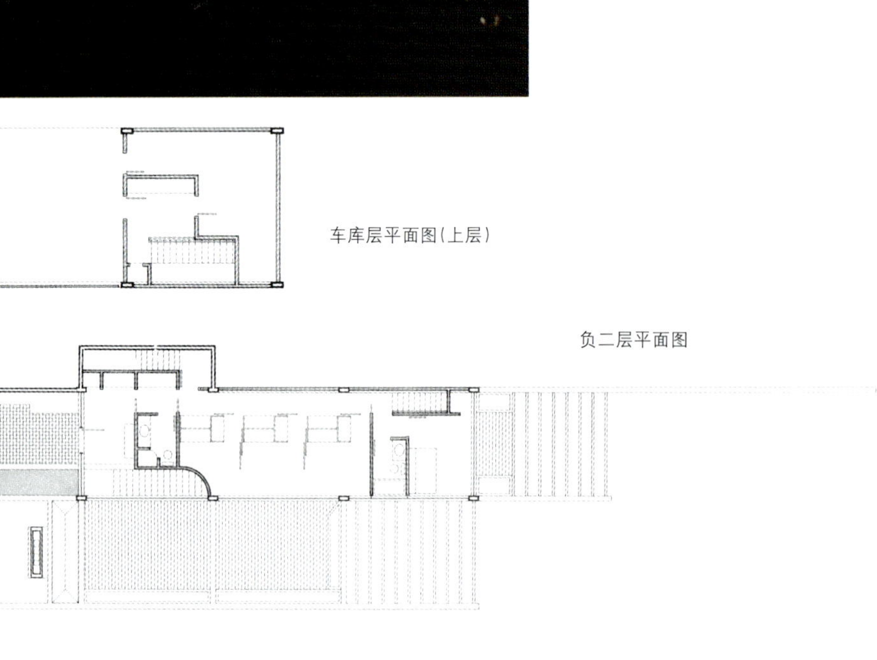

车库层平面图(上层)

负二层平面图

下层平面图(负四层)
剖面图

Eppich 一号住宅的场地是一个旧的垃圾堆积场，大部分时间，场地笼罩在高大山脉和树林的阴影之下，一块由不同业主拥有的场地将现场分为两个狭长的区域。场地中众多的因素中，惟一可以利用的有利因素是：一条蜿蜒的小溪流过，并且汇成一个平静的小湖。Eppich家族选择的这块土地，曾经被众多建造商和建筑师认为是不适合建造住宅的。

Eppich 一号住宅是 3 层混凝土结构的建筑，沿着小丘的坡度向下伸展。从街道的方向望去，进入视野的只有停车棚。整个建筑物的组合有 4 个清晰的层次：车库和储存空间位于上层，儿童卧室和主入口在地下二层，起居室、餐厅、厨房和游泳池在负三层，书房、主卧室和地下室在负四层，也就是湖面层。

住宅建筑景观设计比建筑设计概念产生得更早。建筑物位于场地内自然景观最差的部分，而将最好的景观部分留给使用者欣赏。水体的设计是整个设计的关键：平静的湖水反射的间接阳光给建筑物带来了生机。水池的边缘延伸至小溪的上部，池水可以平静地漫过池壁汇入溪水之中。

Eppich一号住宅可以说是艾里克森众多建筑中倒影水池使用功能最单纯的。光线经过水面的反射得到改变，给予Eppich一号住宅建筑一个良好的光环境。不论是夜晚还是白天，平静的池水都给Eppich一

夜景。Eppich一号住宅的整体色调是灰暗的，但是正是如此，少许明亮的色调带给建筑的生机是巨大而强烈的。摄于20世纪70年代。照片来源：艾里克森建筑设计事务所

号住宅创造了更多的生机。

建筑的每一层都可以与景观亲密接触，在室内，连续不断的梁柱结构十分有韵律。整个住宅建筑有一种自然的质感，和部分墙面。室内完成面的质感与家具相呼应。粗糙的木质表面、素混凝土和精致的手工装饰面之间有一种紧张的和谐。整个住宅的家具设计全部由艾里克森的室内设计师弗朗西斯

EPPICH 二号住宅

建筑地点：西温哥华市，不列颠哥伦比亚省，加拿大
建筑规模：$650m^2$
建造时间：1987 年

Eppich 家族成员基于早先 Eppich一号住宅的成功，再一次邀请艾里克森设计其住宅建筑。新的Eppich 住宅位于西温哥华高大的北岸山脉之上，向西面对温哥华美丽的海湾。业主是一个拥有金属板材制造企业的实业家，因此业主要求建筑物尽量使用玻璃和其家族工厂所能提供的金属材料，并且利用其家族企业所可以提供的人工和制造经验。

总面积 $650m^2$ 的住宅分为

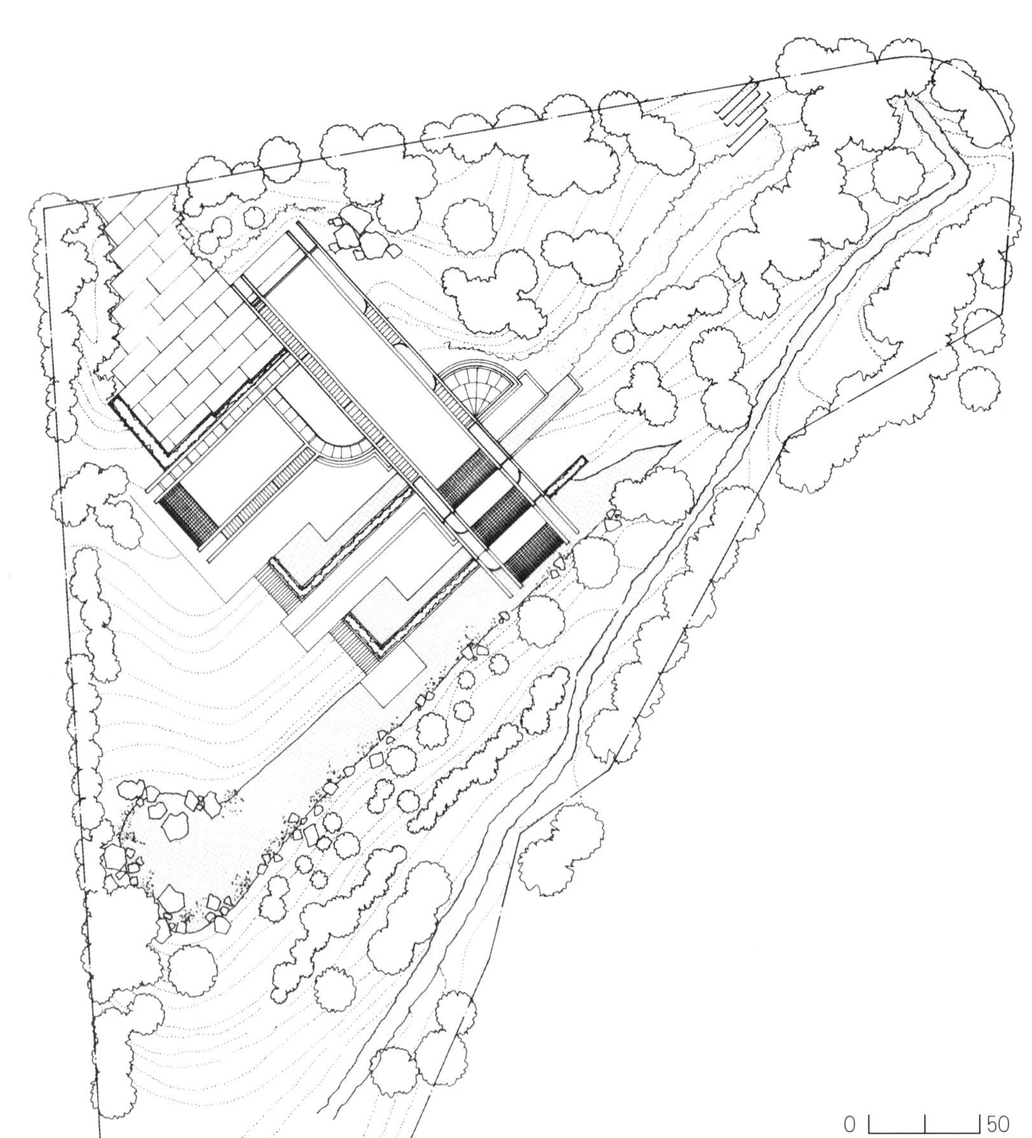

右图：总平面图，住宅整体是层层跌落的

右页图： Eppich二号住宅以及住宅和水体的关系。摄影：Kristopher Grunert

平静的水面不仅是景观设计的一种语言，也改变了整体的建筑形象和光环境。摄影：Geoffrey Erickson

3层，与一号住宅相似，整体建筑物的朝向与用地坡度倾斜方向一致。主要的生活起居空间，包括游泳池和其他休闲设施，都位于第二层，儿童生活区域位于下层空间内，同时主卧室位于起居层的上方。游泳池的结构与整体建筑构件成垂直的角度。

建筑物的体量如同由山坡中伸出的一般，围合空间的石头墙体之间种植的绿色植物也同样加强了建筑与用地

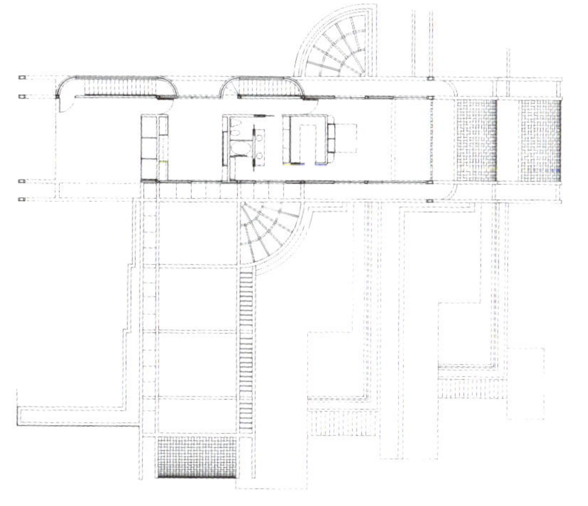

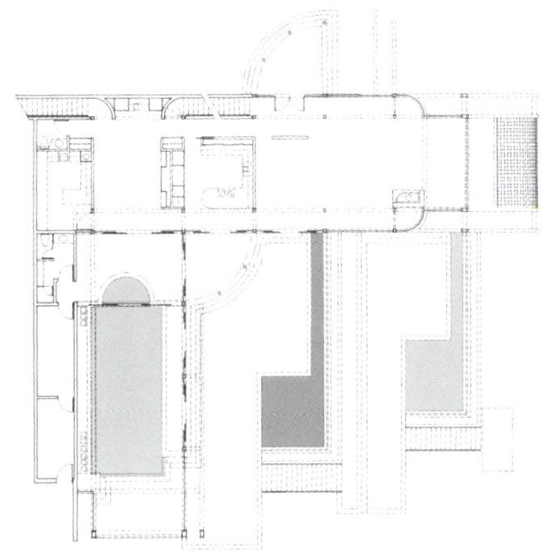

左上图：一层平面图，即入口层平面图

右上图：负二层，即主要生活层平面图

下图：建筑结构细部，由于Eppich二号住宅的独特形象，经常被用来作为拍摄广告和模特摄影场地。本图是其中的一个。摄影：Geoffrey Erickson

的关系。住宅每一层的尽端都设有半拱形的温室玻璃砖墙，主要用以隔绝与邻居之间的相互干扰。空间的视角被引导到两侧的树林之中，茂密的树林仿佛是悬挂在窗户之外的风景画。

建筑的结构体系为不锈钢柱支撑的白色油漆钢制横梁。无缝的不锈钢柱同时也作为玻璃幕墙和铝合金墙面的自然划分。金属的建筑墙面装饰面随着时间和气候的改变而产生不同的色彩和质感效果。总的来说，整体建筑物的表面呈现一

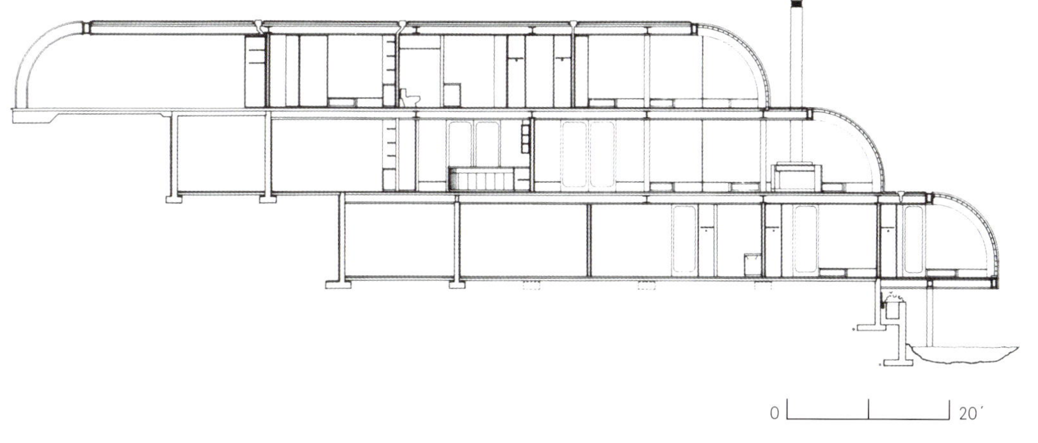

左页上图：起居室内细部，室内家具的设计是由室内设计师弗朗西斯科完成的。摄影：Geoffrey Erickson

左页下图：构思阶段草图
来源：艾里克森建筑设计事务所

上图：建筑剖面图

下图：游泳池和室内细部
摄影：Geoffrey Erickson

种光滑坚硬的感觉。与室外坚硬光滑的质感相比，室内建筑材料的质感和光线要柔和得多。皮质的沙发和家具全部由艾里克森的室内设计师弗朗西斯科设计定做的。每一种色彩和光线的选择与组合都是十分精心的。

水体的组合运用在Eppich二号住宅中同样重要，场地之中的一条蜿蜒的溪流被改道，汇入建筑场地南端的倒影水池之中。如同艾里克森的其他建筑一样，水池是改变建筑场地中光环境的主要手法，水池的存在改变了建筑物的形态，通过倒影水池，建筑内容也得到了极大的丰富。这种对建筑水体加以利用的设计手法显然来自于东方传统建筑，特别是日本和中国园林中水体的运用。

左页图：钢制建筑结构的玻璃砖外墙细部。摄影：Geoffrey Erickson

左上图：弧形玻璃砖墙室内细部
摄影：Kristopher Grunert

右上及下图：室内设计师弗朗西斯科设计定做的室内家具精巧细致
照片提供：Hugo Eppich

NAPP 实验室＋医药综合研究中心

建造地点：剑桥市，英国

建筑规模：试验室办公室

11150m²

办公室扩建 2500m²

研究中心 6500m²

建造时间：试验室办公室 1983年

研究中心 1987 年

英国医药企业家Sackler兄弟拥有遍及欧洲和北美洲的工厂和分支机构。作为企业家，Sackler兄弟对艺术和建筑都有极大的兴趣，也是知名的艺术捐助人，其办公室装饰着稀有的中国古董家具，并且位于纽约大都会博物馆的侧翼和作为全世界最大博物馆的史密森尼博物馆都有以他们名字命名的机构。自1979年，Sackler兄弟计划在位于剑桥大学拥有的新科学园区内建造设计Napp中心，作为其医药产品和设施的研究和试验场所。Napp中心建筑包括三种截然不同的功能：仓库、制造研究实验室和办公接待区域。艾里克森是通过Napp中心设计国际竞赛赢得设计的。

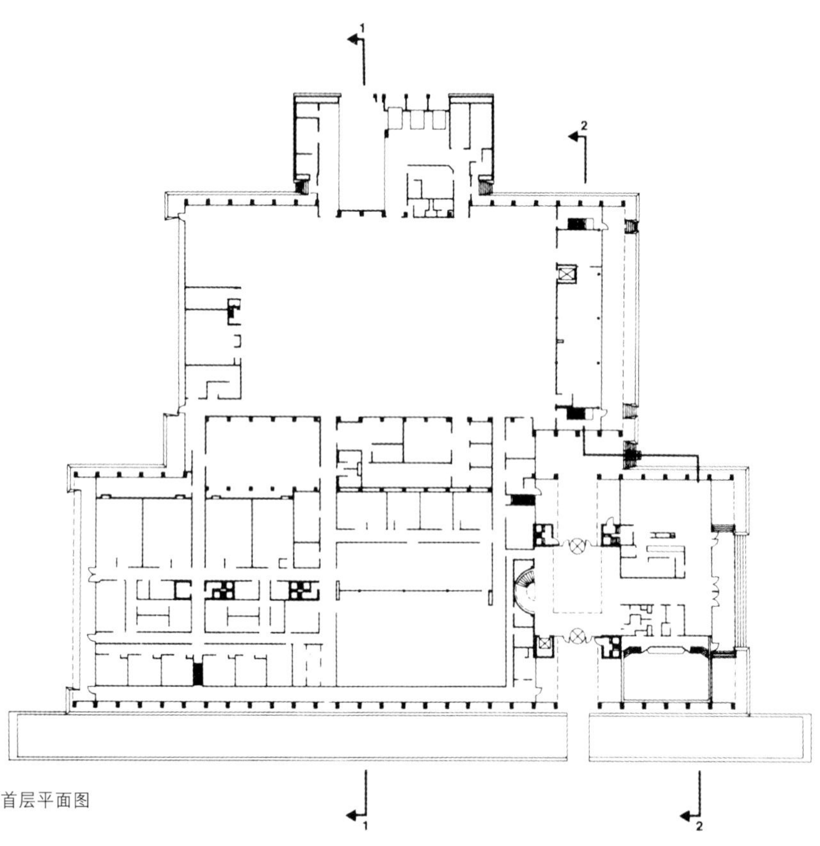

首层平面图

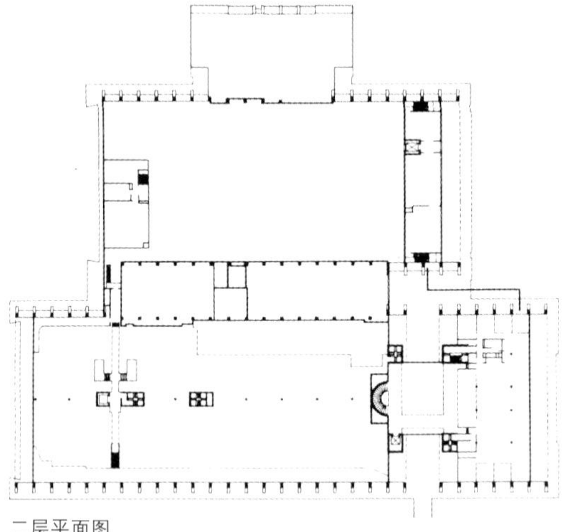

二层平面图

三层平面图

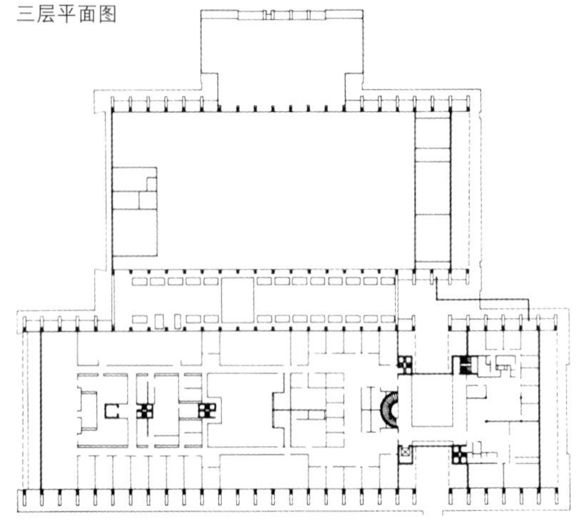

Napp 中心所处的社区中充满着研究型和学院型的建筑。如同大多数工业建筑一样，Napp 设计竞赛的要求是在简单重复的结构体系中，可以以微小的改变满足使用者不同需求的通用空间。最初，艾里克森首先考虑的是一种裸露的结构围合没有柱子的空间。但是，艾里克森的竞争对手，包括普利茨克建筑奖获得者伦佐·皮亚诺和知名建筑师理查德·罗杰斯在内对于这一类的暴露结构形

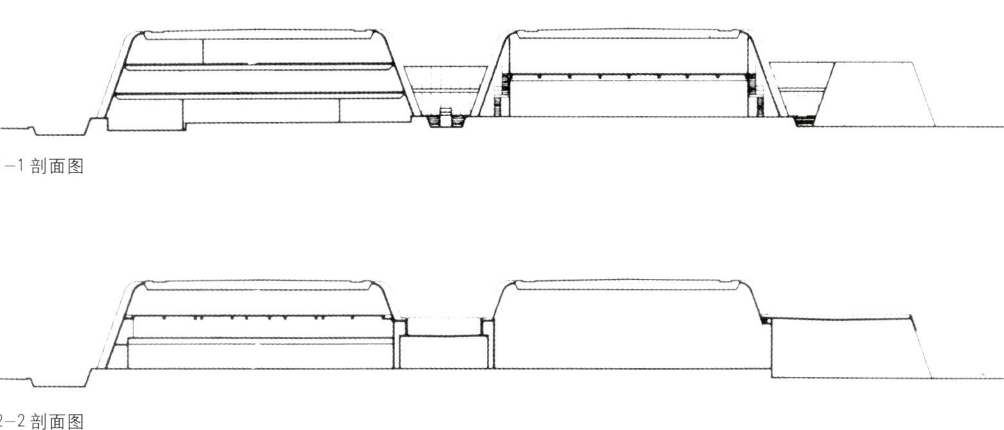

1—1 剖面图

2—2 剖面图

效果渲染图

态的建筑设计更有经验。最后，艾里克森以一种形态简单的建筑，但是充分强调建筑材料优雅特性的方案，超越了众多强劲的对手赢得竞赛。低层化设计的建筑物覆盖着玻璃幕墙和铝合金，与剑桥市的传统工业建筑景观相呼应。整个建筑以一个弯曲的钢柱为母体，简单而自信地重复。以铅制框架为固定结构的镜面玻璃幕墙充满了柱与柱之间的空间。铅制的屋顶在剑桥众多的礼拜堂建筑中随处可见，也是对当地文脉的一种呼应。

建筑物结构与用地成70°的斜角坐落于白色的混凝土基座上，不仅以一种亲密的姿态拥抱大地，也是对剑桥河堤岸形状的一种呼应。镜面玻璃幕墙与地面成70°的角度，纯净的无框大片玻璃幕墙反射出天空的景色。艾里克森摒弃了玻璃幕墙之间的框架，而使用一种大块的镜面玻璃，延续艾里克森一贯的简单化建筑构件的手法。甚至是英国灰暗的天气也给这个工业建筑物带来了有趣的生机。Napp 中心建筑拥有的这种温和而不寻常的与周围环境景观交流的特点在英国剑桥传统的工业区建筑群中十分独特。

艾里克森的设计是以无柱结构体系组成的两个平行的体量，西南栋建筑物是整个实验中心的重点，制造功能位于建筑的首层，实验室位于第三层，

入口桥梁状的结构和纯净的建筑结构构件。摄影：Ricado Castro

右页图：入口细部。摄影：Ricado Castro

而第二层则是纯粹的服务功能，各层之间的功能相互不干扰。线状的结构体系允许建筑物体量的扩张和室内灵活的布置。Napp 中心的实验综合楼包括一个3层高的办公区域，餐馆和演讲厅位于首层，并与制造楼以一个中庭相连。仓库是一个独立的体量，与生产区以一个设备中心通道相通。仓库的两侧是开放的，以方便将来的扩建。

Napp 中心的建筑设计过程也与众不同，最先产生的是一个规整无柱的室内空间，可以说只是一张建筑外壳。艾里克森认为成功的工业建筑的室内效果比建筑的外表更为重要，所提出的"无障碍剖面"的设计概念在Napp 中心建筑的精神意义和使用功能上都有良好的效果。在室内空间分隔设计过程中，最先确定的是最理想化的标准制造空间尺度和最适宜的存储空间高度，并且以这些标准优先组织安排制造和存储场所，然后再对其他办公空间尺度进行调节。实验室区域的设计同样也是先适应设备的要求，中间层为集中设备空间，设备管线同时服务上下两层的空间。

建筑物的主入口通过跨越人工河上的平缓桥梁进入，平静的水面不仅丰富了建筑物入口的形象，也是对社区内英国古代人工水系文脉的一种回应。人工河同样也是消防用水的水源。艾里克森的室内设计师弗朗西斯科选择了一种丰富的杏色和奶油色调作为室内的主要颜色。无头的医药之神 Aescu-lapius的塑像竖立在入口大堂之中，与四周的颜色十分和谐。业主 Sackler 兄弟对于建筑物十分满意，称其为"英格兰最美丽的仓库。"

ETISALAT 总部

建造地点：阿布扎比市，阿拉伯联合酋长国

建筑规模：$30000m^2$

建造时间：1988 年

Etisalat 总部是艾里克森中东建筑设计经历中为数不多的完成项目之一。位于阿拉伯联合酋长国Etisalat通信公司总部的国际建筑设计竞赛招标是以Bechtel 国际名义组织的。经过激烈的竞争，艾里克森赢得了竞赛。运用相似建筑构思的Etisalat 总部一共建成两座，一座位于阿布扎比市，而另一座位于迪拜市。阿布扎比市的Etisalat总部整个建筑包括24层的高层建筑物，以及一个可以停靠 200 辆汽车的停车库。

建筑的设计考虑到位于干燥炎热的沙漠中城市高层建筑的独特性。与大多数的北美城

迪拜的Etisalat 总部鸟瞰

摄影：Christopher Erickson

市不同，中东的酷热阳光并不友善，强烈的阳光在沙漠中意味着炎热。Etisalat总部的平面、立面以及形体设计是以阳光为主要参照物的。两侧以花岗石组合的实墙体可以阻挡大部分的阳光。

一个中庭连接着的首层、二层和三层的空间是对公众开放的。首层有一个博物馆，其展示主题是通信的发展和历史，从传统的电报到先进的卫星系统。首层两部自动扶梯通向二三层的公共服务区，用以电话付账，问讯和销售。除了第五层之外，整个塔楼的其他部分都是Etisalat通信公司不同部门的办公区域。第五层空间是一个200座的会议和演讲空间，还有直接通向停车建筑屋顶的出入口。供给雇员使用的休闲区域位于停车建筑之中，包括一个厨房、餐厅、游戏室和一个祈祷室。塔楼的每一层平面都设置有独立的设备用房，以方便达到最大化的操作灵活性和保证

左图：铝合金板材包裹着的两棵高大的柱子以及立面细部
摄影：Christopher Erickson

右图：阿布扎比Etisalat总部
摄影：Christopher Erickson

经济高效的最先进的建筑科技的应用。

建筑物的外立面材料是花岗石和绿色镜面玻璃幕墙。花岗石的使用和所组合成的图案都是对当地建筑材料的传统和文脉的呼应。立面上最主要装饰物是两棵高大的柱子，被有色的铝合金板材包裹着。位于塔楼的顶端是一个 22m 直径的球体，表面经特富龙精心处理过的球体之内可以容纳为数众多的天线和无线信号接收器。在夜晚，巨大的球体被照亮，在阿布扎比的天空之下分外夺目。

从建成之日起，Etisalat 总部就成为阿布扎比的标志，经常出现在明信片上。

相同的建筑构思也同样运用在Etisalat位于阿拉伯联合酋长国迪拜的总部建筑中，迪拜的Etisalat总部与阿布扎比市的相比规模较小。圆形的墙体设置使整体造型更加柔和。

左页图：夕阳下的Etisalat总部。花岗石的墙体在中东的夕阳烈日之下呈现不同的颜色。摄影：Christopher Erickson

左上、右上图：迪拜Etisalat总部墙体装饰细部。摄影：Christopher Erickson

下图：夕阳下的迪拜Etisalat总部。花岗石的墙体阻挡着中东的烈日
摄影：Christopher Erickson

科威特石油综合大厦

建 造 地 点：科威特市，科威特

建 造 时 间：2003 年

建 筑 规 模：办公室 37500m^2

停车空间 40500m^2

合作建筑师：Salem Al-Marzouk & Sabah Abi-Hanna (SSH)

科威特石油综合大厦是科威特政府石油部总部和科威特石油公司的所在地。科威特石油公司是科威特政府所有与石油有关的组织和公司的首脑办公所在地，这使该大厦在科威特的经济和社会中地位十分重要。与其显要的社会地位相适

右页图：在城市干道入口观看大厦是由多个体量组成的建筑形体
摄影：Allan Bell

下图：从停车场仰视科威特石油综合大厦。摄影：Allan Bell

应的是显要的地理位置——多达 5hm^2 的海滨用地，与市中心仅仅有 2km 的距离。四周的建筑物同样十分显要，包括国会大厦、外交部、规划部、中央银行和国家清真寺等重要机构。科威特石油综合大厦是科威特城市代表建筑群中突出的一个。

整个建筑除了提供给1000个工作人员的办公空间之外，还有一系列特别的会议室、接待空间和贵宾接待设施。巨大容量的停车设施可以容纳多达1000辆的汽车。科威特石油综合大厦的开发建设包括土地使用性质的改变，海滨的保护，一个直升机停机坪，保安设施，道路和景观设计。整个办公空间和停车空间的面积大小几乎是相同的。

根据业主的要求，科威特石油综合大厦有几个不同的备

选方案。最终的方案是一组动感强烈的，如同雕塑般造型的高层建筑组合。室外的观光电梯将建筑物连为一体。三角形和半圆形的高层建筑物位于水边，并且根据景观和阳光朝向的要求选择最有利位置。在科威特，最佳的建筑朝向是北向、东北向和西北向。

左页上图：停车场帐篷式的构筑物
摄影：Allan Bell

左页下图：建筑以及其景观(1)
摄影：Allan Bell

下图：建筑以及其景观(2)
摄影：Allan Bell

GRAHAM 住宅

建造地点：西温哥华市，不列颠哥伦比亚省，加拿大
建造年代：1965 年

"我对于建筑物中'隐藏'部分感到不舒服，我希望建筑物的每一部分都是可见的，而且是可以进入的。"

——艾里克森

Graham 住宅地位于西温哥华市的海滨石头悬崖的台地上。住宅的场地条件十分苛刻：布满碎石的坡地和悬崖峭壁到海滨的岩石台地有 18m 的高差。这对于任何建筑师都是一种挑战。艾里克森对住宅设计提出的惟一解决方案是设想整个建筑物像梯子一样附着于崖壁之上。这正是艾里克森对于其早期西温哥华北岸山脉边的住宅总的特点：建筑物如同一个沿丛林向上攀爬的生命体。住宅的形态是顺沿地势叠落的多层构筑物，一组架空的，但是相互重叠的木质梁架结构。从停车棚到悬崖边的空间一共有4层。

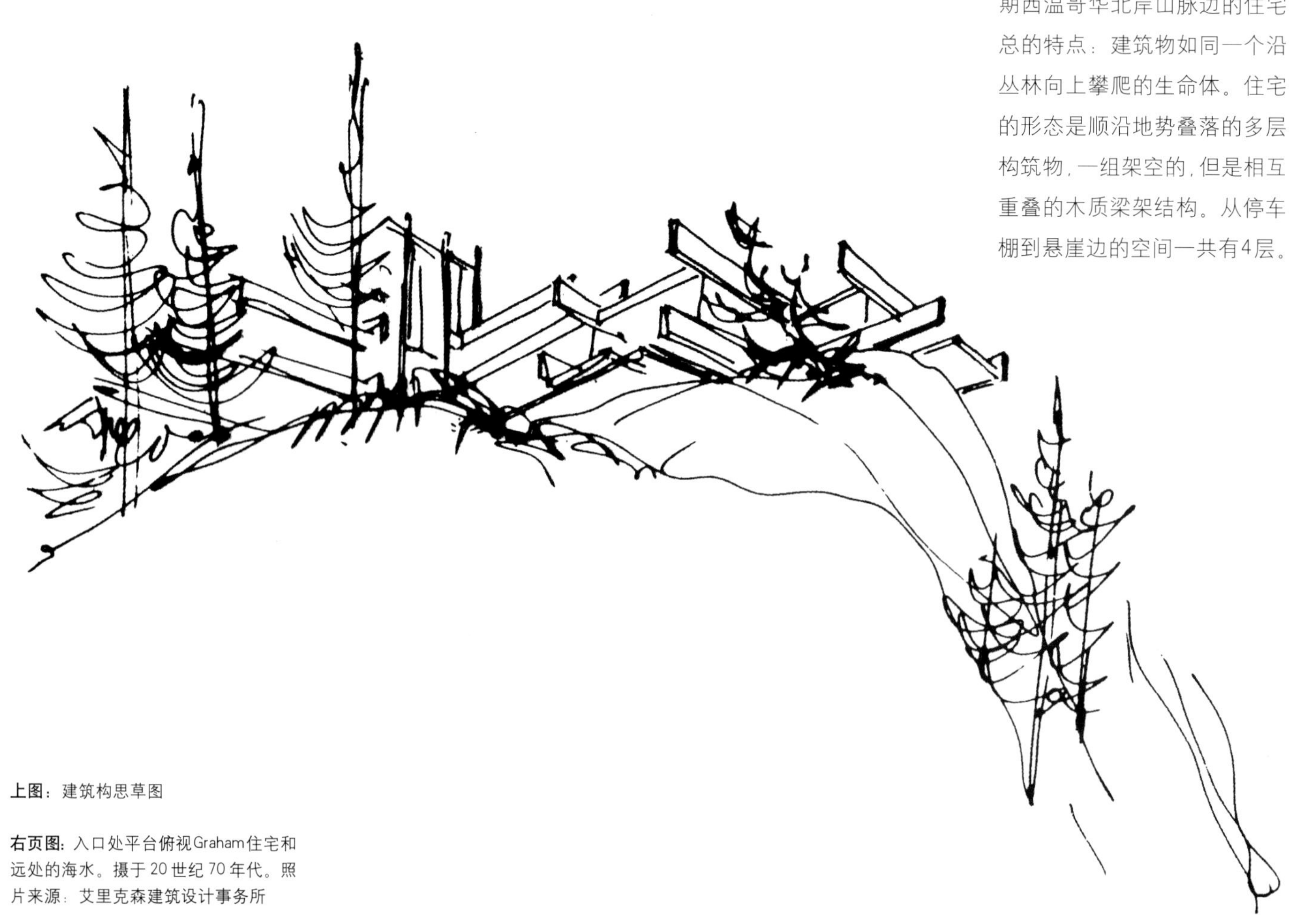

上图：建筑构思草图

右页图：入口处平台俯视Graham住宅和远处的海水。摄于 20 世纪 70 年代。照片来源：艾里克森建筑设计事务所

右页图：由海上仰视Graham住宅。摄于20世纪70年代，照片来源：艾里克森建筑设计事务所

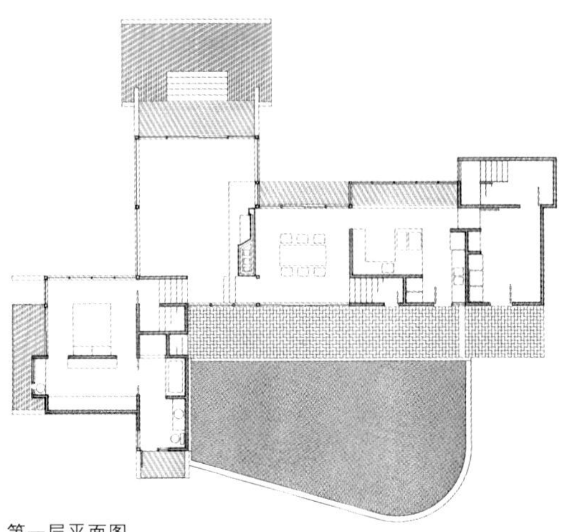
第一层平面图

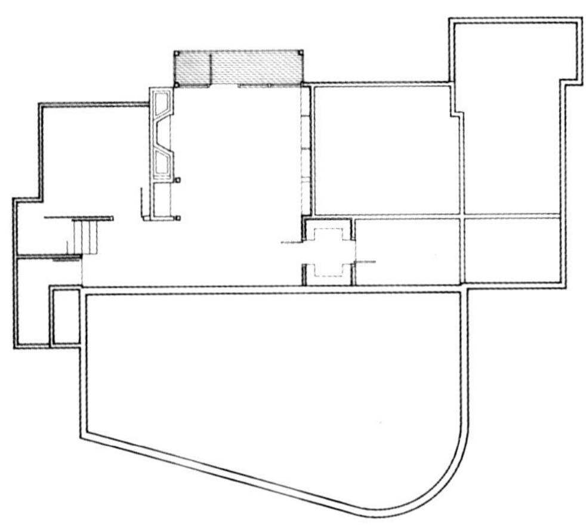
第二层平面图

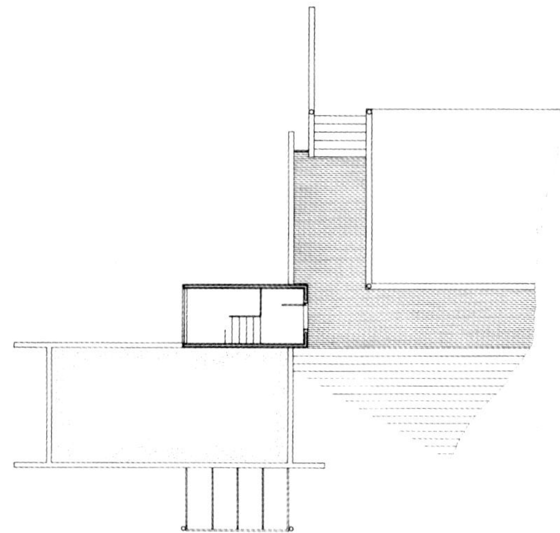
第三层平面图

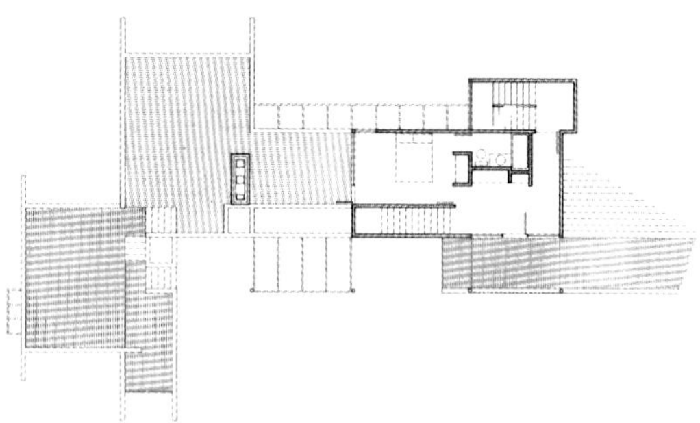
第四（入口）层平面图

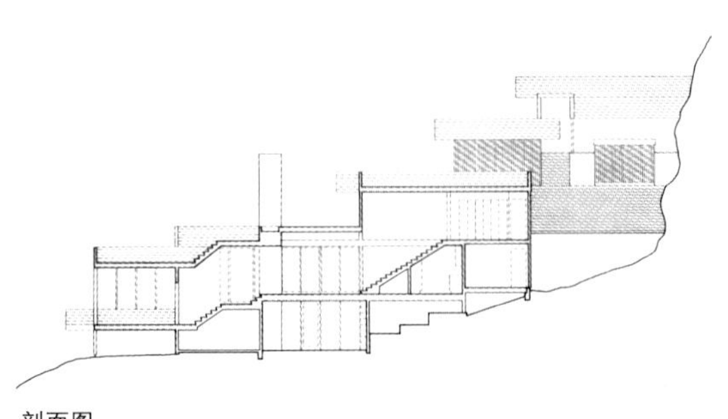
剖面图

左页图：住宅和山崖之间的内庭院。摄于20世纪70年代，照片来源：艾里克森建筑设计事务所

左上图：住宅和海滩之间的阶梯。摄于20世纪70年代，照片来源：艾里克森建筑设计事务所

右下图：总平面图。整个建筑如同一个附着于悬崖上的梯子，住宅的入口是从最上（第四）层进入的

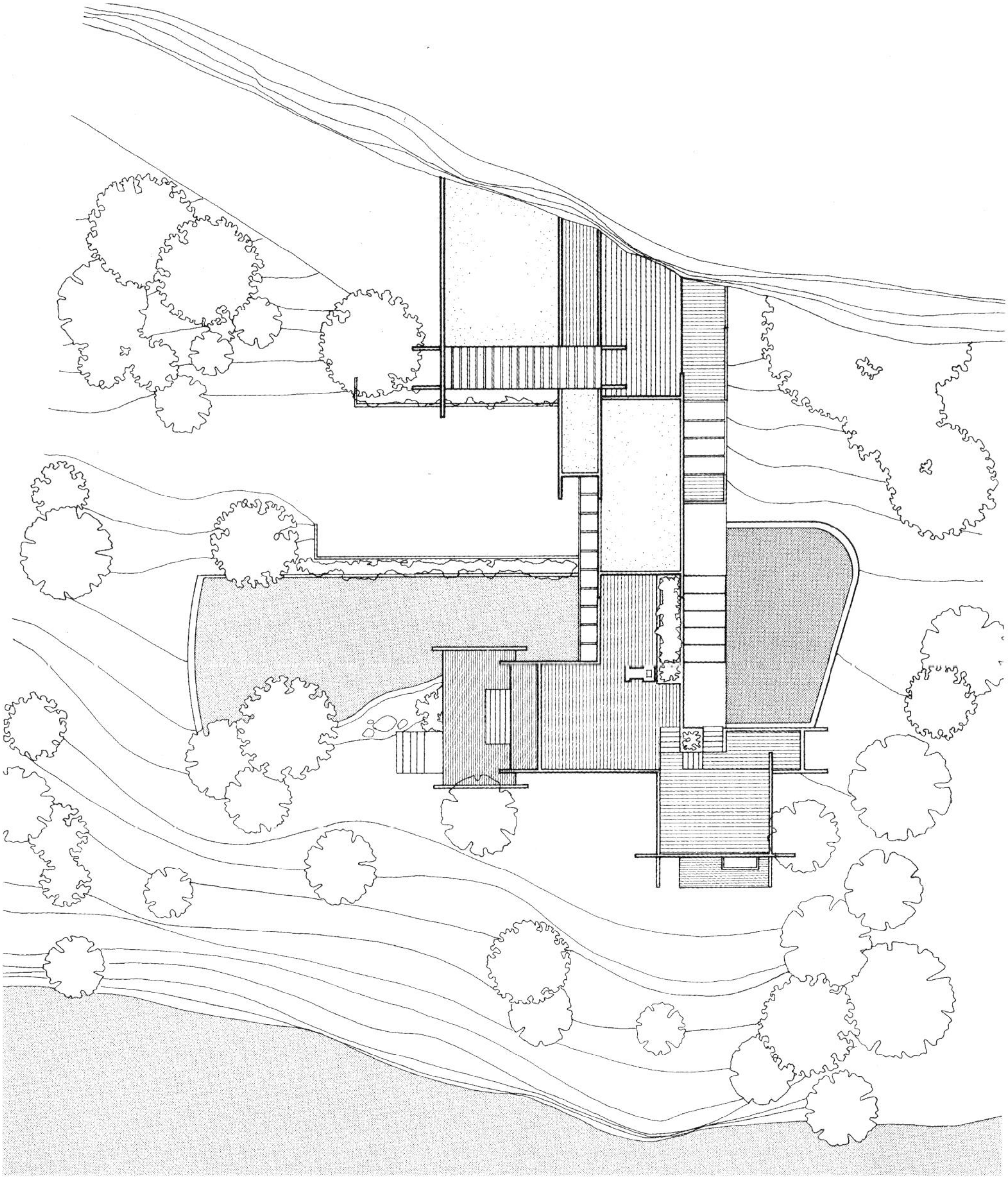

艾里克森强调人在住宅一系列自然向下展开的空间顺序中体味出一种探索发现的乐趣。建筑物的独特艺术感染力可以让使用者一点一点地发掘出建筑物对于场地，景观对于空间的价值。最强烈的景观——温哥华的海湾景观——是整个发现探索过程的最后一击。整个住宅的空间趣味在最后一刻得到完全的体现。

由崖壁下的阶梯向下进入位于游泳池之上的住宅入口的部位时下方的海水隐约可见。进入门厅之后，碧蓝的海水位于楼梯下部的正前方。住宅首层的两侧空间都是以水为主题：一侧为游泳池；另一侧是位于餐厅下方的，是一个倒影水池。水池的边缘与远处的海洋在视觉上融为一体，拉近了海水和建筑物之间的距离。在起

居室的位置海景对于建筑的冲击是最强烈的。起居室是一个悬浮于岩石之上的玻璃围合的平台。主卧室在海面的上部，其厕所的采光通过游泳池下方的防水窗。

场地中的松树以一种不可思议的姿态生长于海滨的岩石缝中。由于场地的条件十分不平整，户外可使用的空间有限。住宅的屋顶之上都设有开放的花园，并作为住宅的主要室外生活空间。使用者进入住宅的屋顶空间，可以像其他建筑室内外空间一样使用。

与普通栏杆等高的墙体，相互重叠，以一种类似圆木度假屋似的干净形态出现。跌落的水体因素的组合灵感来自意大利d´Este古代山村的喷泉组合，不同的是喷泉水面是发散波动的，而温哥华的海面是平静的。住宅的建筑外立面材料组合处理简单有效，木梁架的表面覆盖着平滑的水平条形壁板。墙面则装饰着竖直木板，整个建筑以简单油漆的木材为主要装饰材料，仅在交界处使用砖和一种威尔士方形面砖。

左页图：山崖底部仰望Graham住宅。整个住宅的结构是跌落的长方形玻璃体，摄于20世纪70年代。照片来源：艾里克森建筑设计事务所

上图：在进入起居室之前，远处的海面似乎是可望而不可及的，摄于20世纪70年代。照片来源：艾里克森建筑设计事务所

下图：游泳池的水面和远处的海水在视觉上是一体的，摄于20世纪70年代。照片来源：艾里克森建筑设计事务所

CRAIG 住宅

建造地点：Kelowna，不列颠哥伦比亚省，加拿大

建造年代：1967 年

"也许，我对 Craig 住宅的理解来自于我对现场的直觉：温暖的阳光下，在弥漫着撒尔维亚草香味的山崖边享受香槟野餐和美丽如地中海般蔚蓝的湖水。"

——艾里克森

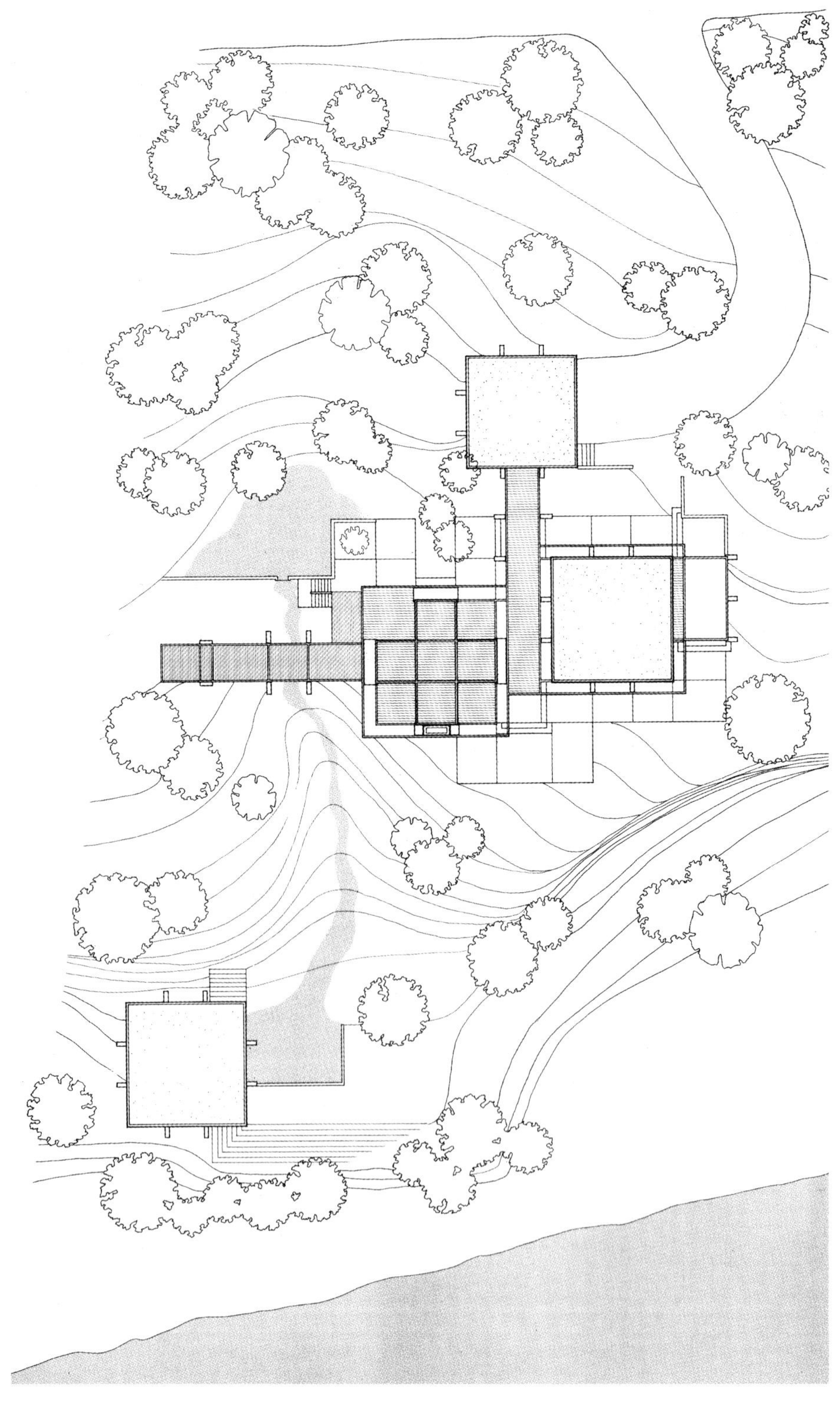

右图：总平面图，Craig 住宅是一个湖滨建筑，用地内的高差起伏较大

右页上图：首层建筑平面图

右页下图：上层出入口。照片来源：艾里克森建筑设计事务所

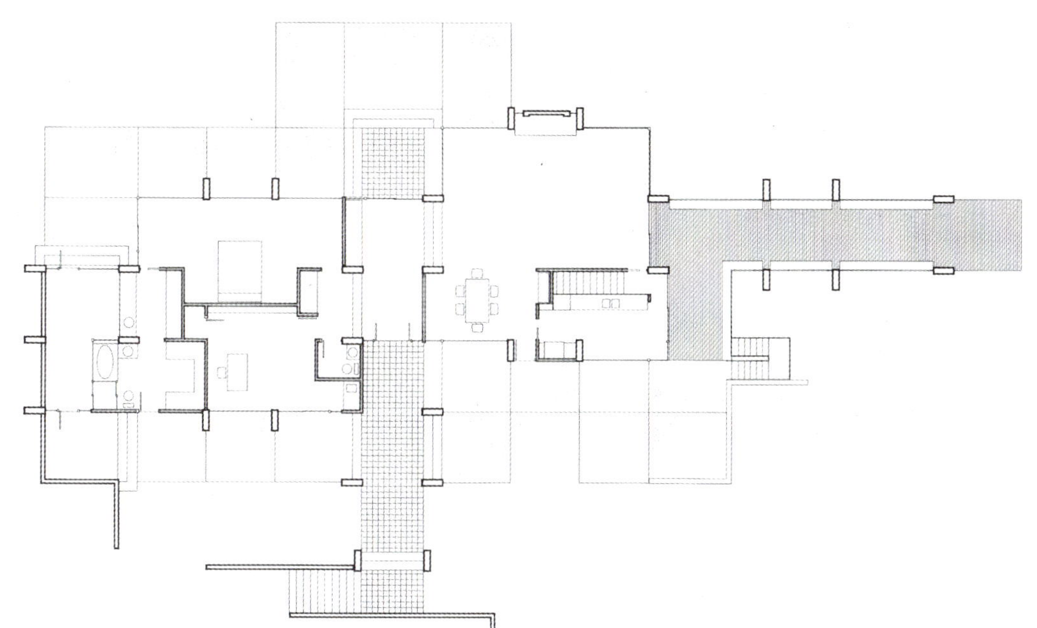

Craig住宅位于不列颠哥伦比亚省的内陆淡水湖Okanagan湖边的南岸高地之上。虽然Kelowna地区距离位于海岸边的温哥华仅仅数小时的车距，但是其气候与温暖潮湿的温哥华有相当大的不同。Okanagan湖畔的天气更加严酷：冬天更寒冷，而夏天更炎热。

建筑用地现场的视野非常开阔，景色优美。Okanagan湖的湖水平静安详，湖面几乎没有波浪。良好的湖滨条件允许建

筑物建造于水边，甚至是水中。平静的湖水可以在当地干燥酷热的夏天给建筑物带来一份凉爽，这对于作为设计师的艾里克森十分重要。但是现场的地势陡峭，从山崖的顶部到水面有15m的高差。场地狭小的入口被拓宽，方便进出湖滨。艾里克森在设计开始之前，使用推土机重新塑造场地，改造现场的景观现状。首先创造出来的是一条像是天然产生的景观趣味中心——一条穿透布满砂石的山崖的视觉通道。由湖滩一直向上通向主体住宅建筑。在这个视觉通道的尽头，松树之下设有一个水池。水池通过一系列的瀑布和水池向位于湖滩边的台地上的游泳池汇聚。由此，单纯的湖边山崖场地被塑造成为一个丛林里的凉爽绿洲。长长的视觉通道因不同水体组合的存在而变得丰富。

相对于建筑本身，场地较为开阔，所以住宅由4个部分组成，沿着人工的通道向下，停车

右页上图： Craig住宅入口俯视建筑以及远处下方的湖水
摄影：Geoffrey Erickson

右页左下图： Craig住宅以及庭院细部
摄影：Geoffrey Erickson

Craig住宅庭院细部
摄影：Geoffrey Erickson

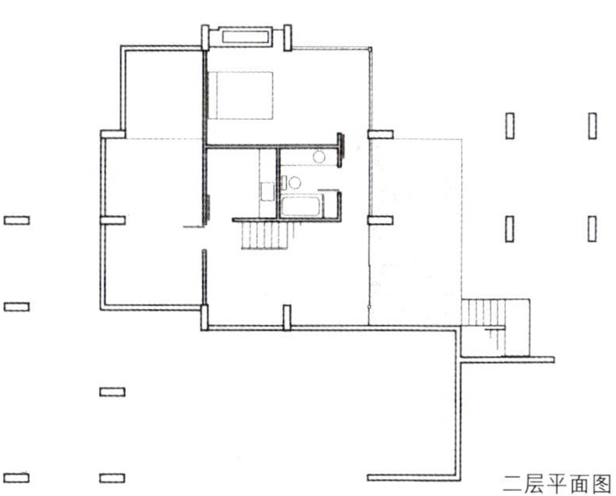

二层平面图

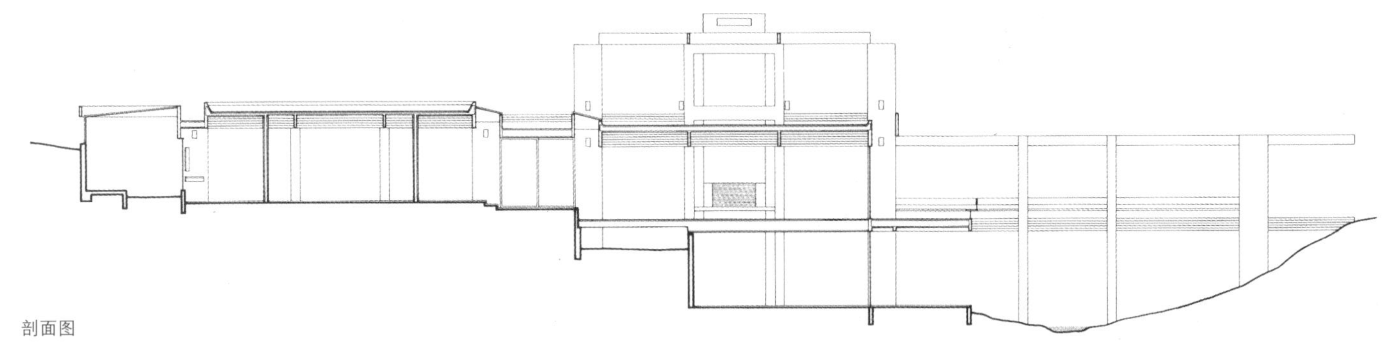

剖面图

库和储物间部分在上部，起居室和卧室部分由一个有天窗的走廊相连接，走廊也是作为种植植物的温室。走廊在建筑上是景观通道的一部分。最后的部分是独立的，位于湖岸边水池旁的客房，并作为Craig住宅的后期扩建的工程。

主体部分建筑位于场地内的台地之上，南面是冬天的花园，北面则是夏天的庭院。另外一个平台或者说是桥形的构造物，连接着厨房、起居室和位于湖岸另一侧的景观通道。建筑的结构以90cm × 30cm的喷砂混凝土柱子支撑着高大的屋顶平台。住宅屋顶是大型的木质梁支撑的平台，泥土和草皮则位于卧室和客房的上部。

室内和室外平台。照片来源：艾里克森建筑设计事务所

住宅全景。照片来源：艾里克森建筑设计事务所

不列颠哥伦比亚社区开发总体规划纲要

地　　点：温哥华市，不列颠哥伦比亚省，加拿大

规划用地：90hm^2

规划年代：1982 年

上、下图：总体平面图。图片来源：艾里克森建筑设计事务所

右页图：渲染效果图。图片来源：艾里克森建筑设计事务所

ILLUSTRATIVE PLAN

OVERALL DEVELOPMENT FRAMEWORK

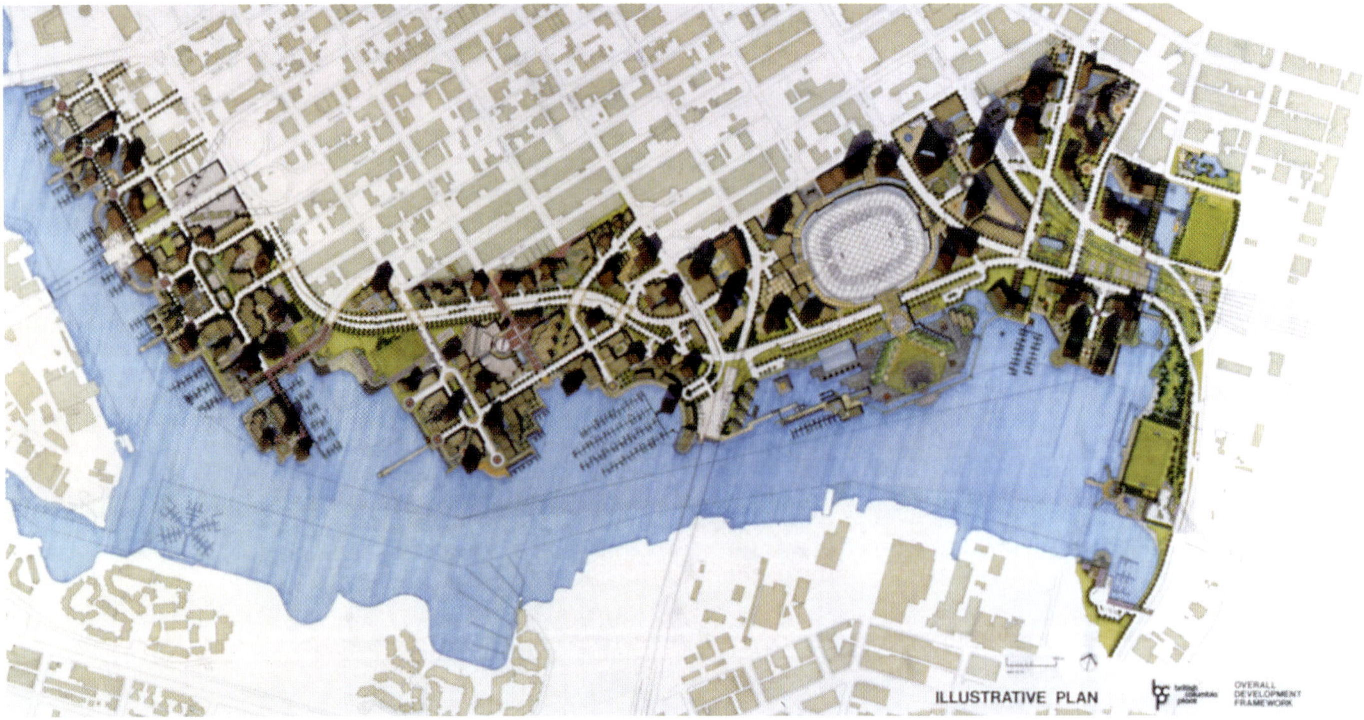

不列颠哥伦比亚社区位于温哥华市中心，总用地面积大约90hm²。社区的开发用地在温哥华建成的城市中心和False Creek海湾之间，占据着温哥华市中心半岛大约1/3的海滨，一共有长达3km的可开发水边空间。20世纪70年代末，温哥华摒弃了穿越市中心的高速公路系统的规划，原有横穿市中心海滨的铁路用地成为温哥华市中心开发的热点。不列颠哥伦比亚社区的开发纲要预见容纳1万～1.2万居住单位和70万m²的商业办公、旅馆和商业零售建筑。其中还包括20hm²的开放公共空间，6万座的体育馆和其他一系列公共设施。

规划纲要提出不列颠哥伦比亚社区为温哥华城市中心各种活动的延伸和主要发展区域。并且根据用地的条件规划了一系列特别区域，包括：三条联系温哥华半岛和低陆平原的桥梁，纪念加拿大太平洋铁路的圆屋社区中心，体育馆、中国城和一个轨道交通车站。温哥华城市中心的高出海滨部分所产生的天然地理屏障，在新的规划中得到解决。规划纲要中将规划的建筑物作为原有的

总体模型图。图片来源：艾里克森建筑设计事务所

渲染效果图。图片来源：艾里克森建筑设计事务所

上、下图：街道渲染效果图，海滨作为生活区域的延伸，而不是传统的西方城市中作为干道和码头等交通设施。今天温哥华的海滨拥有长达数十公里的不受机动交通干扰的环城步行道路，这也是温哥华名列世界上最适宜居住城市的原因之一。图片来源：艾里克森建筑设计事务所

建筑物的延伸，突破了原有的温哥华市中心发展的界线，温哥华的市中心沿着海滨延伸了几个街区。规划纲要中的建筑围合了主要停车场和公共交通设施。所有的这些组成部分由一条步行和开放的空间系统联系，其中包括不同的水边趣味区域。

艾里克森在这个规划中提出来以人为主的城市形态，以步行为主的城市结构是将整个城市作为一个大的景观花园的设计目标被明确地提出来的。艾里克森城市设计的理念超越了他同时代的建筑师，在他和相当一部分温哥华建筑师的共同努力下，温哥华成为世界上最适宜居住的城市之一。温哥华的不列颠哥伦比亚社区经过20多年的建设接近完成。1986年成为温哥华世界博览会的场地，并且是近年温哥华市中心最大的土地开发资源。

CATTON 住宅

建造地点：西温哥华市，不列颠哥伦比亚省，加拿大
建造年代：1969 年

本页图：总平面图

右页图：由位于山崖之下的高尔夫球场仰视Catton住宅。照片提供：艾里克森建筑设计事务所

“与我早期的住宅不同，Catton住宅位于岩石之上，像是一个完全独立的实体。尽管不是所有的业主都希望自己的建筑物有独特的结构，但是，我每次都这么做。”

——艾里克森

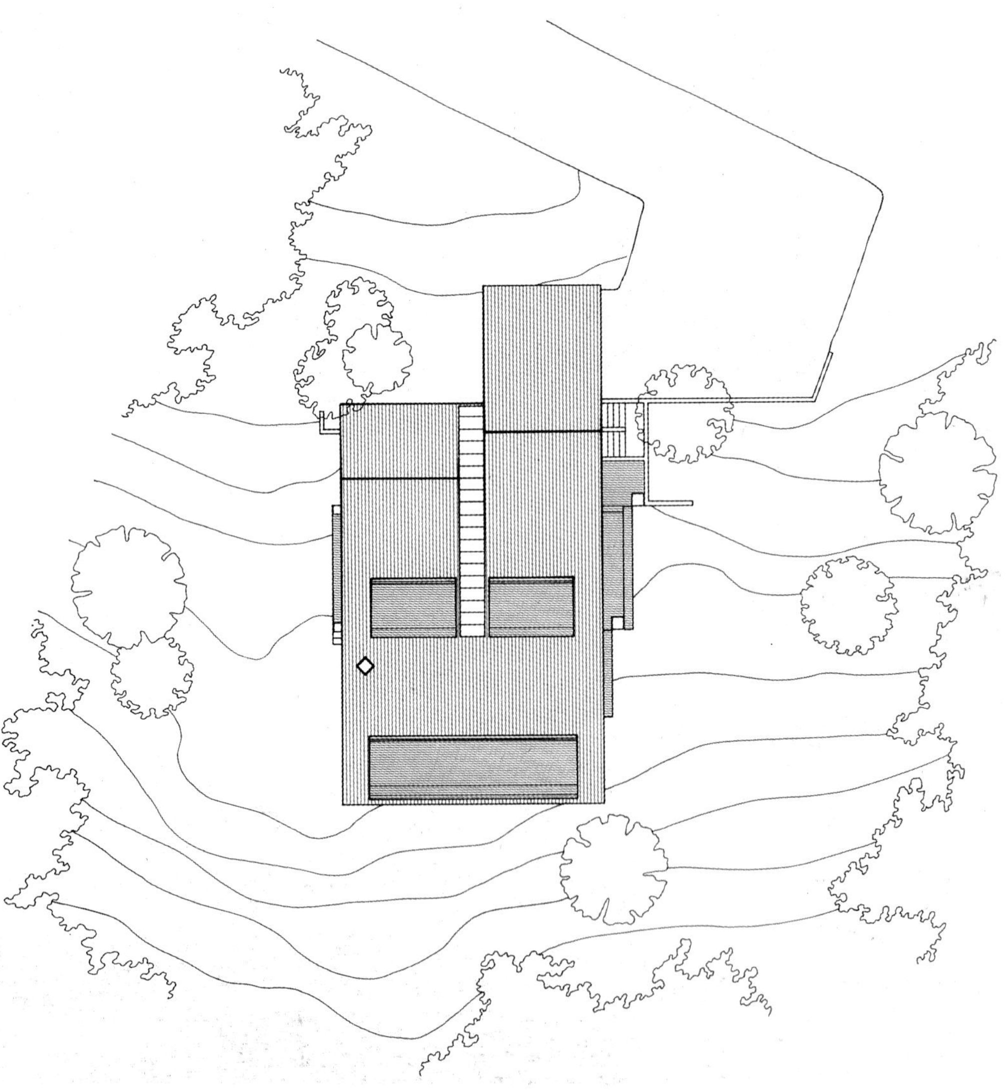

Catton 住宅位于西温哥华陡峭的山崖上，场地内可以俯视整个美丽的乔治海湾，但是在建筑建造的20世纪60年代，铁路在住宅的下方通过。整个住宅如同是一个放置于岩石坡上的盒子，而且在面对景观的部分仿佛被时间腐蚀，自然地产生出室外的活动空间。住宅是经济型居住建筑，服务对象是一对夫妇与三个孩子，每个使用者都有自己的空间。大玻璃围合的起居室以壁炉为中心，并且有与顶棚一样的装饰。首层还设有餐厅、厨房和主卧室，儿童的活动空间则位于二层。

设计的最初理念是一系列平台沿着石头山崖的地势跌落。艾里克森最初的设计理念来自于日本茶室的概念，由玻璃幕墙划分出住宅建筑的室内和室外空间。早年在日本的游历经历中，传统茶室建筑空间的广泛的适应性是艾里克森设计Catton住宅的灵感来源。传统茶室建筑强调空间本身和广泛的适用性，而不是空间特定的使用性质。宽大的室外平台提供了足够室外活动起居的场所。Catton 住宅的使用者可以根据喜好和特定的情况选择如何使用这些平台。在天气允许的情况之下，在宽大的室外平台上的活动，比如晚餐、聚会，即使

是简单的阅读休息都是无可替代的享受。

住宅的西侧陡坡状的石崖是住宅的天然屏障。住宅的交通流线组织是由与住宅建筑联为一体的平台开始，向下沿着开敞的玻璃天窗进入起居室。高而且狭窄的空间在感觉上将整个建筑分为两部分。艾里克森对住宅的空间视觉的组织是独具匠心的，入口处空间高耸，狭窄而明亮，但是视野并不开阔，正因为如此，在下方起居室

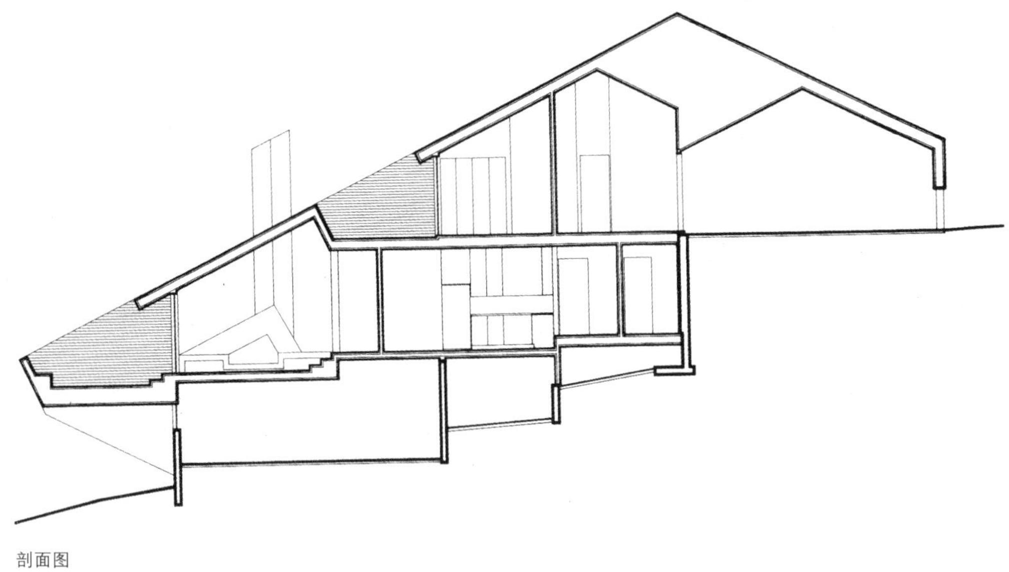

剖面图

完工后不久的Catton住宅，照片摄于20世纪70年代。照片提供：艾里克森建筑设计事务所

的角度、海景和山景对于人的感观冲击力尤其强烈。主卧室深藏收缩于建筑的屋顶之内。上层的起居空间有独立的室外平台，像是在完整的坡屋面中腐蚀出的一块空间。

住宅通过构件的组合和平台的设计，选择三种独特的场地中的景观：屋顶三角型构架之间眺望乔治海湾的海景；屋顶下长长的水平走廊边安静的山体；壁炉下方的三角形屋架之间的北岸山脉。直接面对乔治海湾的栏杆非常坚实，以阻隔下方的铁路和邻居的噪声。

整个建筑空间紧凑，交通面积非常少，取而代之的是大面积的室外平台。所有的建筑构件，包括屋顶、墙面、顶棚和地板都覆盖着同一种材料——3英寸厚的雪松板。Catton住宅是艾里克森设计的住宅中形态最和谐统一的，如同一个完全可塑的形体，而不是一个完全成形的建筑物体。

上图： 由出入口的位置俯视Catton住宅，照片摄于20世纪70年代。照片提供：艾里克森建筑设计事务所

下图： 室外平台细部，照片摄于2006年，新的Catton住宅业主为了年幼的子女的安全在低矮宽大的护栏之外安装了玻璃板。摄影：Steven Zhen Wang

上图：室内壁炉的设计独特，并与倾斜的屋面相呼应
摄影：Steven Zhen Wang

左下图：建筑由一个位于中心的玻璃天窗分为两个部分，同时也是主入口向下进入起居室的通道，设置于两个坡屋顶之间的钢筋是为了加强这两个部分之间结构上的稳固性
摄影：Steven Zhen Wang

右下图：建筑平面图

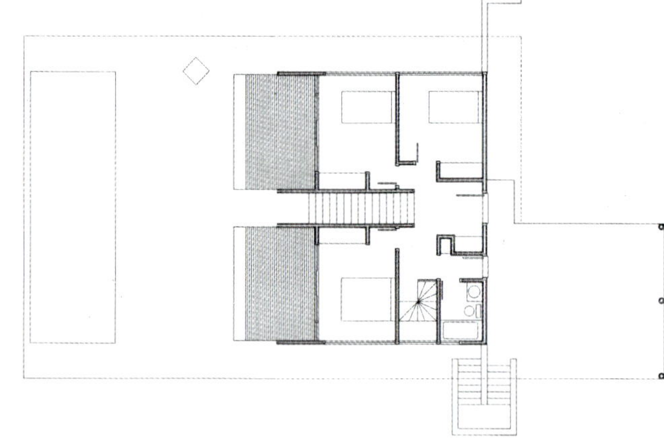

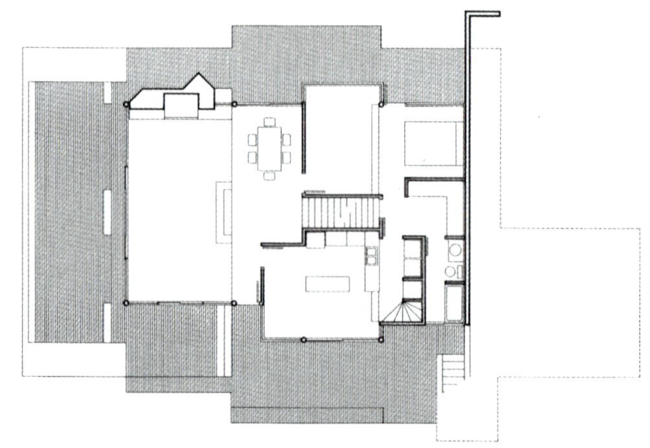

宽大的室外平台可以容纳很多的活动，艾里克森强调是空间本身，而不是空间明确的使用功能。这种构思来自于中国和日本古典建筑中多功能性的空间理念。照片提供：艾里克森建筑设计事务所

PAGE 186

MONTIVERDI 社区

建筑地点：西温哥华，不列颠哥伦比亚省，加拿大

建造时间：1982 年

建筑用地：2.8hm²

本页图： Montiverdi 社区的总平面图

右页图： 横向水平的建筑构件在以竖向为主的树林中对比强烈。照片摄于20世纪 80 年代。摄影：Christopher Erickson

310

Montiverdi 社区是位于西温哥华 Caulfeild 台地之上的山地联排式住宅。用地的自然条件较为原始：高大的树木、由土地中伸出的岩石以及其他显著的原始自然景观因素。由于建筑场地的自然条件，建筑物的形态为与场地相协调的"居住公园"，即每 20 个居住单位组成的类似花园的组合体。建筑位于南向的陡峭山坡之上，坡地上部有良好的观赏温哥华和西温哥华之间的 Howe 海湾的视角。为了达到花园的效果，居住单位之间没有正式的用地界限。社区的中心为一片保留的空地，开满野花的草地与社区绿化带相连接。为缓和住宅建筑物和自然景观的冲突，增加位于上层的建筑景观，植被栽种于支撑住宅的松木之下和屋顶的上部。

东西向的柱网布置强调建筑物拥有最大化的景观视野，同时也提供最大化的私密空间。松木柱是对陡峭的坡地和布满

下图：建筑形态构思草图。来自 Nick Milkovich 建筑设计事务所

右页上图：夕阳下的建筑细部。照片摄于 20 世纪 80 年代
摄影：Christopher Erickson

右页下图：居住单位与道路之间半围合的院落空间是室内外在空间上的一种过渡，这种建筑设计手法在艾里克森的建筑中十分常见
摄影：Steven Zhen Wang

树木的场地的一种呼应。建筑的主要场地是高差变化强烈的坡地，为适应并合理利用这种地形，Montiverdi社区的规划手法独特：位于路边较低的一侧的住宅尽量低，但是不影响到住宅的视野，这种手法避免了因两侧建筑物过高产生的“视觉峡谷”。保留的自然植被区打破了灰褐色人工构筑物的沉闷。社区内的街灯高度降低，凸现出建筑的神秘性、隐私感和原始的氛围。

住宅单体的造型是由强烈的水平和竖直方向感的构件组

左上图：由Montiverdi社区的道路仰视住宅。照片摄于20世纪80年代
摄影：Christopher Erickson

左下图：横向的建筑构件沿着山体的高差变化布置，杂乱之中却存在着一种秩序，照片摄于20世纪80年代
摄影：Christopher Erickson

右上图：社区内的主要交通道路，住宅与住宅之间没有明确的界限，整个社区如同一个大花园。照片摄于20世纪80年代。摄影：Christopher Erickson

成。横向的巨大松木构件在茂密的竖向树林中突出，但却和谐。建筑物的外立面材料单一——雪松板，并且穿插以大窗墙体和木制格栅。居住单位的入口空间处理手法多样：或者是竖直的板条围合的半镂空庭院，或者是顶部开敞的实墙体围合的庭院。

住宅内部平面设计将宽大的起居室和餐厅安排于面向西方的一侧。温哥华的温和气候条件允许这些西向的空间可以在夏日保持凉爽，以欣赏温哥华美丽的夕阳景色。厨房、早餐室和家庭间在住宅建筑没有远景的东南侧。总的来说，住宅建筑的东侧和西侧的墙体是以透明玻璃为主，北侧是阴暗不透光的，南向或者用透明的，或者用木质格栅与临近住宅分隔。正是利用分隔方式营造出了居住单位空间之间的趣味。

Montiverdi社区建筑规划模型。来自Nick Milkovich 建筑设计事务所

MACMILLAN BLOEDEL 大厦

建造地点：温哥华市，不列颠哥伦比亚省，加拿大
建造时间：1970 年
建筑规模：46450m²
合作建筑师：Francis Donaldson 建筑设计事务所

"Macmillan Bloedel大厦的业主希望一个表面化的建筑设计，以满足经济性的高效，而不是强调艺术美感，我们拒绝了这个类似面部整容的建议，而要求利用一个月的时间，去完成一个反馈方案。大量偷工减料的办公建筑的共同特点是：高大的屋顶，多变的室内空间组合和玻璃幕墙。这正是我所不喜欢的。对于办公室——使用者度过大部分时光的空间，应该有一种稳重的感觉。"

——艾里克森

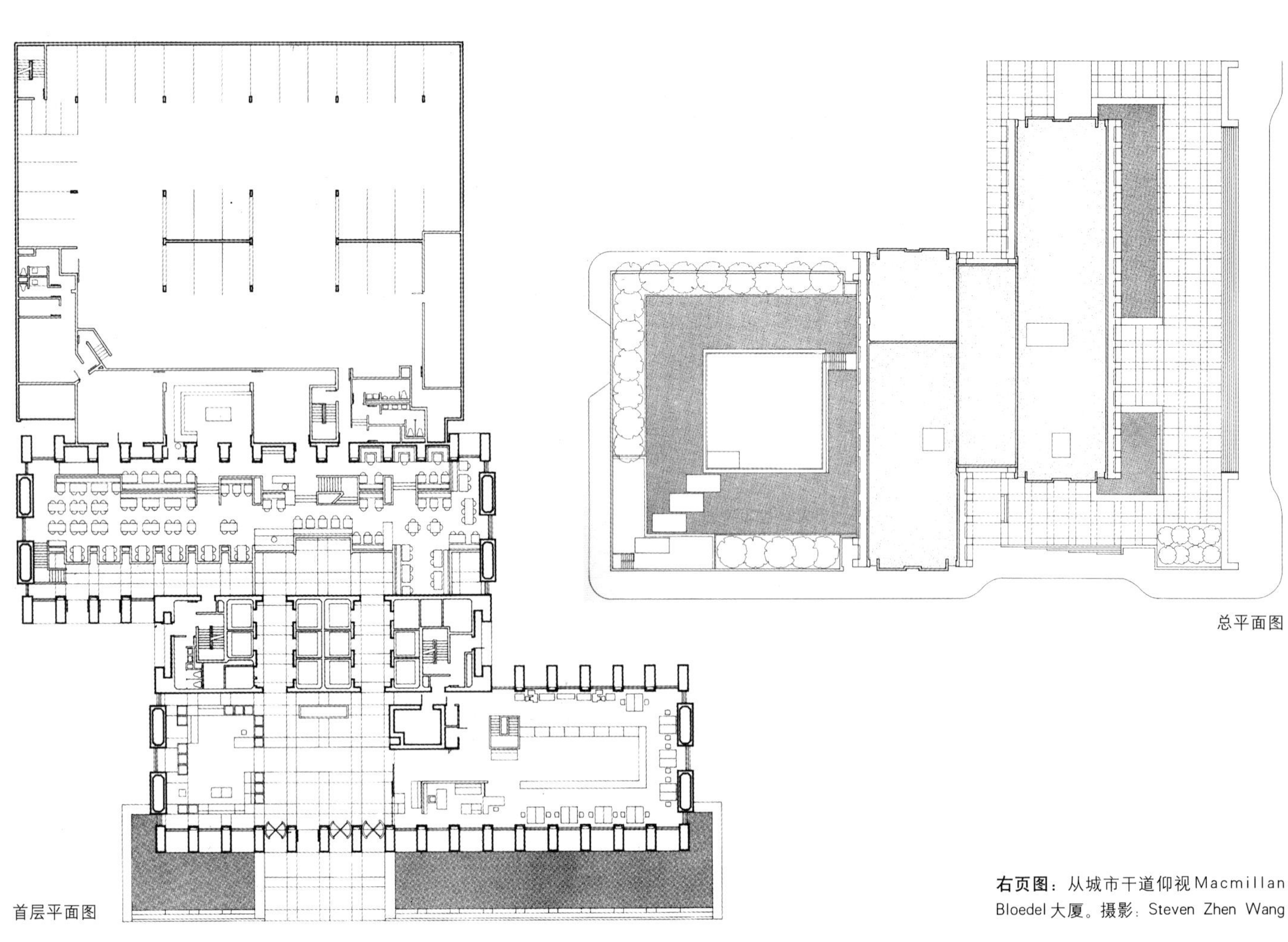

首层平面图

总平面图

右页图：从城市干道仰视Macmillan Bloedel大厦。摄影：Steven Zhen Wang

20世纪60年代是Macmillan Bloedel公司的辉煌时代，曾一度成为加拿大最大的公司。于1970年完工，位于温哥华市市中心的公司总部大厦是艾里克森的第一栋办公建筑。大厦由两个塔楼围绕着一个中心交通核布置，尽量多地营造出可眺望外部景观的房间。整个建筑物的内部空间没有任何的柱子。每个塔楼的办公空间划分不同，以满足不同的租赁需求。但是办公室的独立出入口直接通向每一层的电梯大堂，这正是大多数办公大厦所缺少的。

使用玻璃幕墙掩盖结构柱的做法，对于艾里克森来说是一种建筑上虚伪的欺骗。突出墙面的柱子同样使家具的组合和布置带来不必要的困难。艾里克森认为如果柱子靠近外墙，就应该成为外墙的一部分。Macmillan Bloedel大厦建筑外墙是承重的现浇混凝土结构，由底部向上逐渐变细。外墙的结构柱的尺寸由底部的3m见方，逐步减少到顶部30cm。整个大厦结构形式十分传统，所有的开口位置均匀统一。

现浇的混凝土结构形式是建筑师和承建商最大的分歧。艾里克森的设计是以混凝土为最后完成面，而承建商以现浇

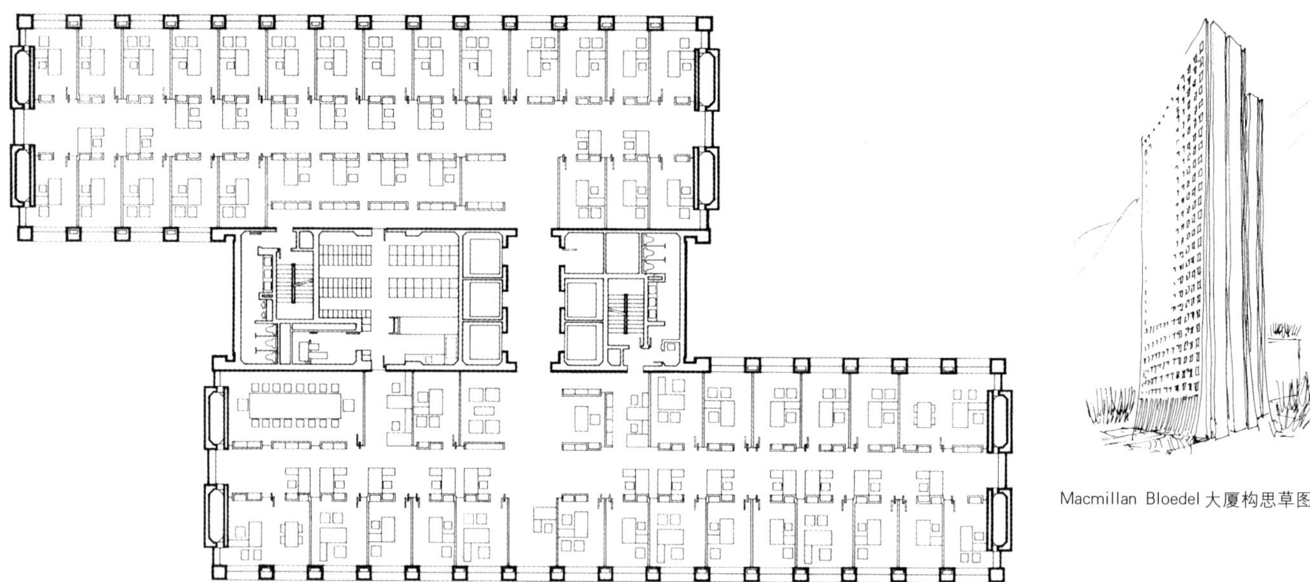

Macmillan Bloedel 大厦构思草图

标准层平面图。整个室内是无柱的

Macmillan Bloedel大厦曾经是温哥华市中心的标志建筑之一，照片摄于20世纪70年代。照片来源：艾里克森建筑设计事务所

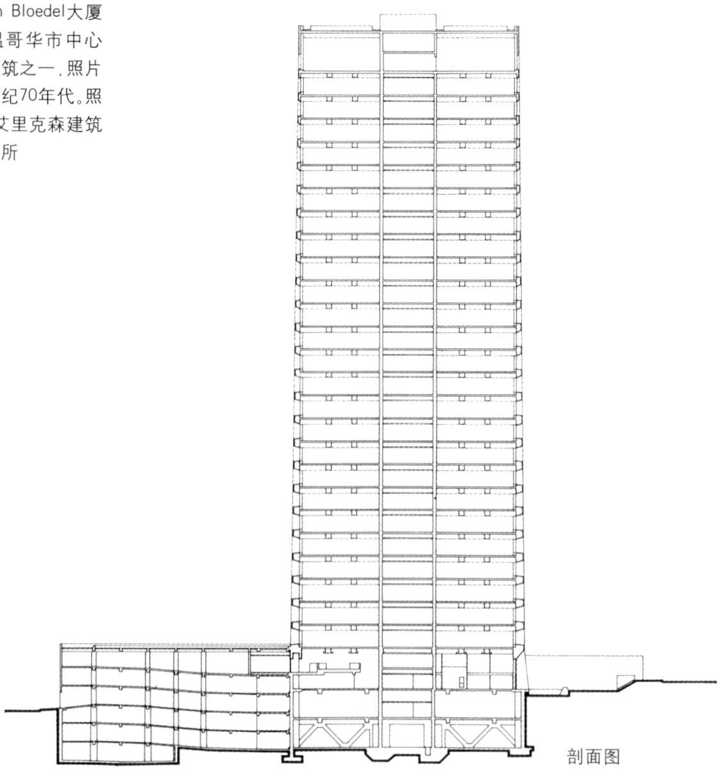

剖面图

入口以及广场。
摄影：Steven Zhen Wang

混凝土结构难以保障混凝土完成面的整齐为理由反对。实际的施工效果与艾里克森所预见的相同，脱掉模板的外墙达到建筑师的方案所强调的一种朴素的质感。高2.1m的方形玻璃窗是纯净无棂的，位于外墙的深处，质感与外墙的粗糙质感对比鲜明。建筑物完成之后，混凝土的质感粗糙得近乎天然的

上图：入口以及广场
摄影：Steven Zhen Wang

下图：简单而有力的框架结构是Macmillan Bloedel大厦的标志
摄影：Steven Zhen Wang

Macmillan Bloedel大厦外立面细部夜景
照片摄于20世纪70年代。照片来源：艾里克森建筑设计事务所

岩石，但是表现出一种由内向外的张力。

整个大厦室内设计简洁流畅。室内顶棚图案与外墙的分隔图案是一致的。室内空间的划分和隔断与梁柱的位置相重合，结构的框架在室内"隐形"。大厦的室内家具以及隔断设计

室内空间简洁，所有的设备管线都隐藏在顶棚的隔栅之中。照片摄于20世纪70年代。照片来源：艾里克森建筑设计事务所

十分独特，为了避免普通办公建筑使用中杂乱无章的组织和过多的家具、设备、文件和纸张，大厦的内部设有墙体储存空间。书柜、衣柜、文件柜等一切可以放入墙体储存空间的物体都与隔墙联为一体。大厦的家具由艾里克森事务所设计，并有制造商按照标准形式制造。整个屋面板是一个整体，所有的设备管道都与结构构件结合布置。整个大厦设有低噪声照明系统，以提供更舒适的办公环境。

Macmillan Bloedel大厦与其说是一个粗糙不平的构筑物，不如说是像一个向上生长的大树。对于艾里克森来说，Macmillan Bloedel大厦是一座"陶力克"柱式一般纯净的建筑物，以一种简单的形态，自信而顽强的显示着自己的存在。

刘氏国际问题研究中心

建造地点：温哥华，不列颠哥伦比亚省，加拿大

建筑规模：1750m^2

建造年代：2000 年

合作建筑事务所：ARCHITECTURA

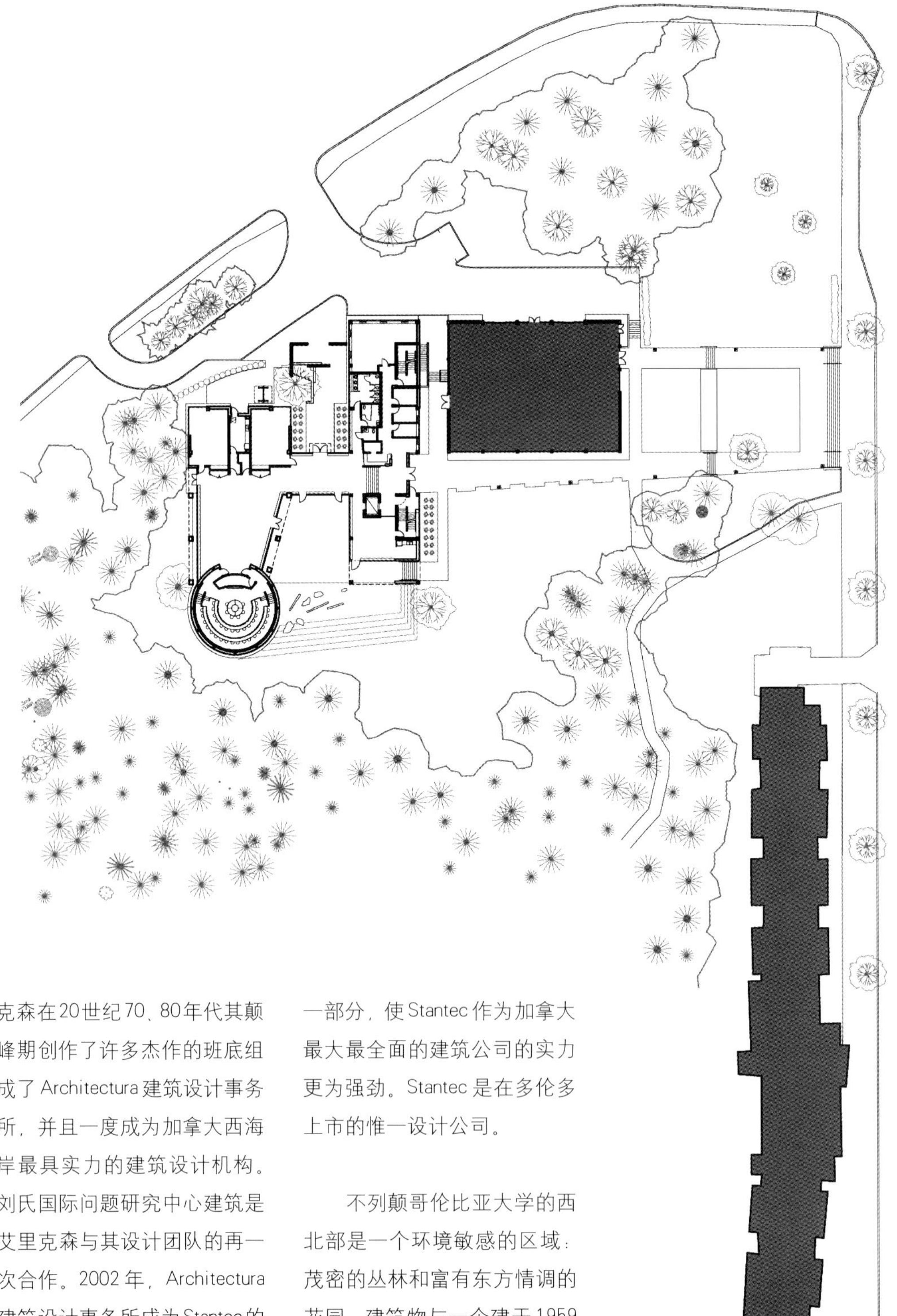

刘氏国际问题研究中心是不列颠哥伦比亚大学的一个新的部门，位于不列颠哥伦比亚大学西北部的丛林之中，与人类学博物馆相隔很近。艾里克森是与 Architectura 建筑设计事务所共同完成建筑设计的。1991 年，当艾里克森经历最后一次的财务困境时，协同埃里克森在20世纪70、80年代其巅峰期创作了许多杰作的班底组成了 Architectura 建筑设计事务所，并且一度成为加拿大西海岸最具实力的建筑设计机构。刘氏国际问题研究中心建筑是艾里克森与其设计团队的再一次合作。2002 年，Architectura 建筑设计事务所成为 Stantec 的一部分，使 Stantec 作为加拿大最大最全面的建筑公司的实力更为强劲。Stantec 是在多伦多上市的惟一设计公司。

不列颠哥伦比亚大学的西北部是一个环境敏感的区域：茂密的丛林和富有东方情调的花园。建筑物与一个建于 1959

年国际式的"国际屋"相邻，并且工程还包括拆除一栋旧建筑，重新利用这栋旧建筑材料。一株稀有的Katsura树位于北侧出入口的花园内，南部的院落面向一个禅宗花园和一棵樱桃树。两棵成熟的大树随着季节的变换，树叶的颜色也随之改变，给整个建筑添加了一份情趣。

出入口分为两个部分：西

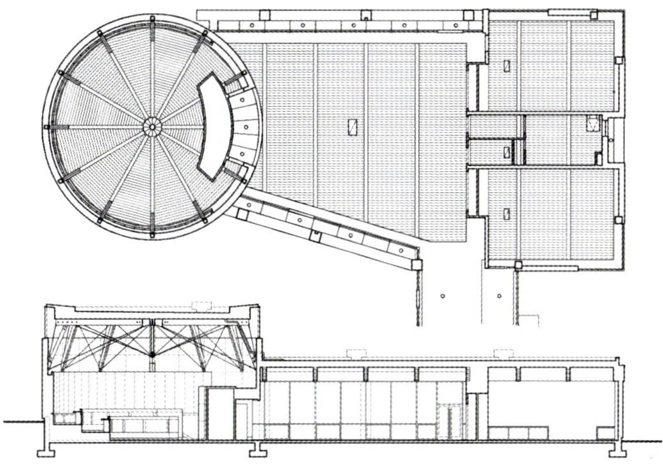

左页图：总平面图展示出建筑和四周环境的关系，深色的部分是已有的建筑物。图片提供：Stantec

上图：屋顶平面以及圆形演讲室的剖面图。图片提供：Stantec

下图：刘氏国际问题研究中心的建筑模型，整个建筑位于茂密的树林之中
照片提供：Stantec

建筑物面对树林的立面，整个侧翼的外墙是通透的，争取最大限度的阳光。照片提供：Stantec

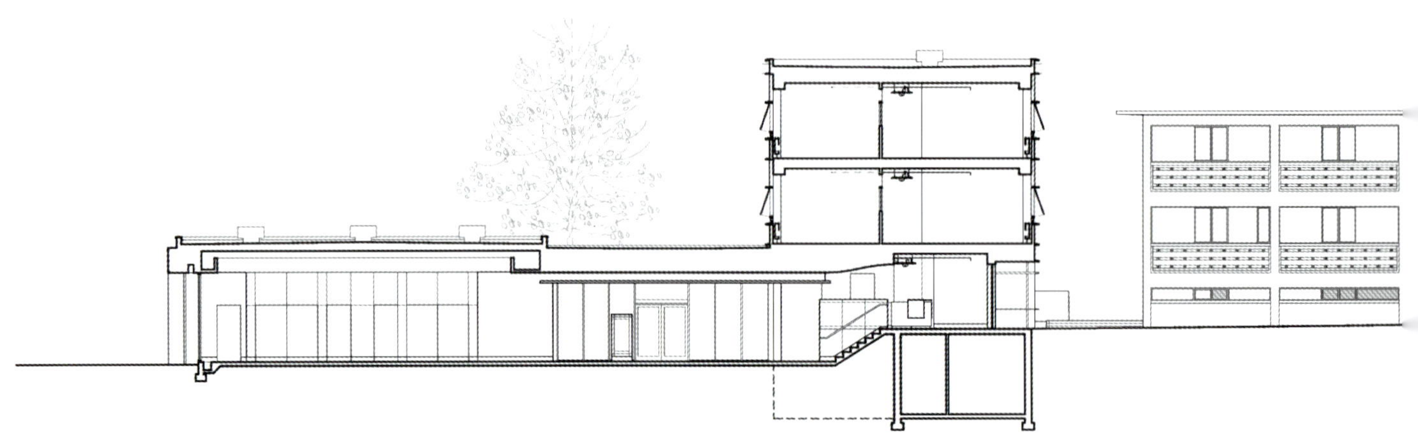

刘氏国际问题研究中心的后院是与不列颠哥伦比亚大学茂密树林相连的
照片提供：Stantec

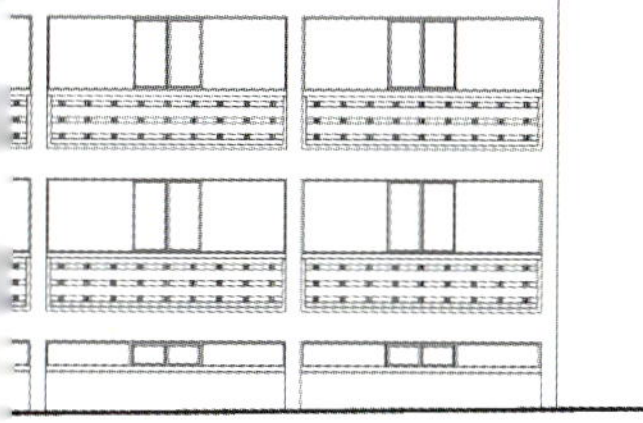

左图：建筑剖面展示建筑物的高差变化
图片提供：Stantec

右图：研究区侧翼的外立面，位于立面高处和低处的窗户设置有助于调节室内温度
照片提供：Stantec

北侧沿西北海滨大道的机动车出入口；东南侧的行人步行出入口。刘氏中心的建筑分为两个明显的部分：一个3层高的集办公室、研究室和管理用房于一体的侧翼可以容纳72人；另一侧是单层的会议区，包括一个档案室、多功能厅和两个教室。两个部分体量由一个通透的入口空间相交接。北向的入口花园由一组类似密斯式的混凝土墙体标志出入口的位置，同时也阻挡住西北海滨大道的噪声。然而北花园和室内大堂之间的隔断在视觉上是完全通透的，室内空间由于这种隔断的巧妙安排延伸出来。室外的北花园高大的Katsura树仿佛是室内的一部分。南向一个以石头为主题的景观设计是建筑物和茂密的植被之间的一个过渡。

整个建筑是一个无柱的空

右上图：巨大的圆形演讲室的光滑外墙面在树木的阴影之下十分突出
照片提供：Stantec

左上图：入口的庭院以及类似密斯式的流动空间出入口。照片提供：Stantec

下图：从入口位置观看通透的入口厅的玻璃幕墙，室内的空间扩展延伸至整个室外庭院。摄影：Steven Zhen Wang

间，空心的预制混凝土板之间的空隙是设备管线的通道。刘氏国际问题研究中心是一个全面的建筑物，成功地达到了加拿大极为严格的“绿色”建筑的要求。具体的措施有：在国家能源标准之上节省一半的能源，高效的自然通风系统协助创造微观气候，充分利用自然采光，使用者可以独立调节温度、光线等，新的垃圾管理方案，大量利用本地材料以及选择对环境破坏少的家具。建筑的低处采用位于底部的窗户引入新鲜凉爽的空气，而室内热空气则由位于屋顶的开口释放。新建筑物务求与原有建筑一致，尽量使用被小心地从旧建筑上拆下来的建筑材料，并精心地充分利用和发挥场地的特质，即室外明亮的阳光和茂盛的天然树林。

圆形演讲室的室内，屋顶的木质框架来自于旧建筑物建筑材料的循环使用
照片提供：Stantec

帝王大厦

建造地点：多伦多市，安大略省，加拿大

建筑规模：13层

建造年代：1986年

下图：多伦多中心湖滨区的传统高档居住区建筑群的规模在近年迅速扩大，沿湖的区域城市活动十分丰富，而不是传统的快速交通干道
摄影：Steven Zhen Wang

右页图：帝王大厦以及背后著名的CN电视塔。摄影：Steven Zhen Wang

上图：20世纪80年代的帝王大厦以及整个社区的生活内容没有现在的丰富。照片摄于20世纪80年代末
摄影：Christopher Erickson

下图：建筑的阳台细部和层层退缩的造型。摄影：Christopher Erickson

右页图：立面造型细部
摄影：Steven Zhen Wang

帝王大厦是位于多伦多市安大略湖湖滨的高档住宅，以二、三居室的高层公寓为主。帝王大厦是社区内第一栋高层建筑物。多伦多的中心湖滨区是传统的高档居住区，背后是保持世界最高建筑物相当长时间的CN电视塔以及艾里克森早期的建筑代表Roy Thomson音乐厅。帝王大厦面对着一个带状的城市公园和停泊着豪华游艇的码头。

1981年，艾里克森通过一个设计竞赛赢得帝王大厦的设计。在此之前，安大略湖的湖滨是一条沿湖的铁路交通道，帝王大厦是整个湖滨铁路开发工程的第一个项目。贯穿多伦多城市的高速公路位于帝王大厦的后部，宽大的高架路将位于湖滨的居住区与市中心分隔开来。

艾里克森的居住建筑经常是以一种向后逐渐退缩阶梯式的形态出现，层层向内收缩的造型是为了消渐对四周建筑和景观的压迫。即使在今天高层建筑环绕的多伦多湖滨区，帝王大厦的形象依然十分突出。向内收缩的阳台以玻璃和钢管围合，有一个亲切的尺度。

THE NATIONAL BALLET OF CANADA

KHOSLA 住宅

建造地点：Portola山谷，加利福尼亚州，美国

建造年代：1986 年

建筑规模：1300m²

用地规模：6hm²

Khosla住宅占地6hm²，位于加利福尼亚州山丘的山顶之上，四个方向上的视野都是十分开阔的原始森林景观。业主来自印度，并且对高科技家居自动化系统有浓厚的兴趣。

Khosla住宅为现浇混凝土结构的大面积落地玻璃幕墙围合的通透建筑物，充分利用了场地内美丽的森林景观。整个建筑的层次变化多端，沿着南向山坡自然下降的地势布置。在茂密的丛林之中，一系列的平台，层层跌落的水池和室内果园沿着山坡的向下坡度组成住宅的中轴线。住宅的主要组成部分都是以这条中

下图：Khosla住宅位于山顶上的丛林之中。摄影 Geoffrey Erickson

右页上图：住宅入口外部夜景 摄影 Geoffrey Erickson

右页下图：住宅中轴线夜景 摄影 Geoffrey Erickson

轴线为焦点布置的。

由于业主对于计算机控制家居科技的兴趣，整个住宅装置了自动化控制系统。中心水道、阶梯和果园通道空间的天窗是可以开启的。当天气良好的时候，天窗开启，整个空间可以更好地享受到加利福尼亚温和而明媚的阳光。自动化控制系统用于建筑的各个方面，包括电脑控制的敏感光照系统、保安系统、声响系统、影像、空调和阳光控制装置。独特的电缆槽和控制箱设计可以方便地提供最新的家居科技产品的安装。

住宅柱子的造型独特，四个圆柱和柱头组成的抽象化了的印第安传统古典建筑形态。住宅的混凝土结构柱的完成面是干粘石颗粒，并且喷上中性的颜色。裸露的混凝土墙面的质感粗糙，以粗斩的纹路表示出混凝土的温暖。聚酯墙板和顶棚是白色的，不锈钢吊顶用于一部分的房间内以强调出不同的空间类型。大理石的铺地材料组合成不同图案的平台，整个平台的地面质感光滑。水池以一种淡绿色的板材作为饰面材料。

左页图：抽象化了的印第安传统古典建筑造型的四个圆柱和柱头细部
摄影 Geoffrey Erickson

上图：层层跌落的住宅中轴线和可开启的屋顶
摄影 Geoffrey Erickson

下图：卧室以及可以开启的屋顶细部
摄影 Geoffrey Erickson

FILBERG 住宅

建造地点：Comox，不列颠哥伦比亚省，加拿大

建造年代：1958年

建筑规模：$240m^2$

"建筑用地选定之后，我和Filberg所做的第一件事是用推土机在浓密的树林之中开辟出一条通道。"

——艾里克森

总平面图

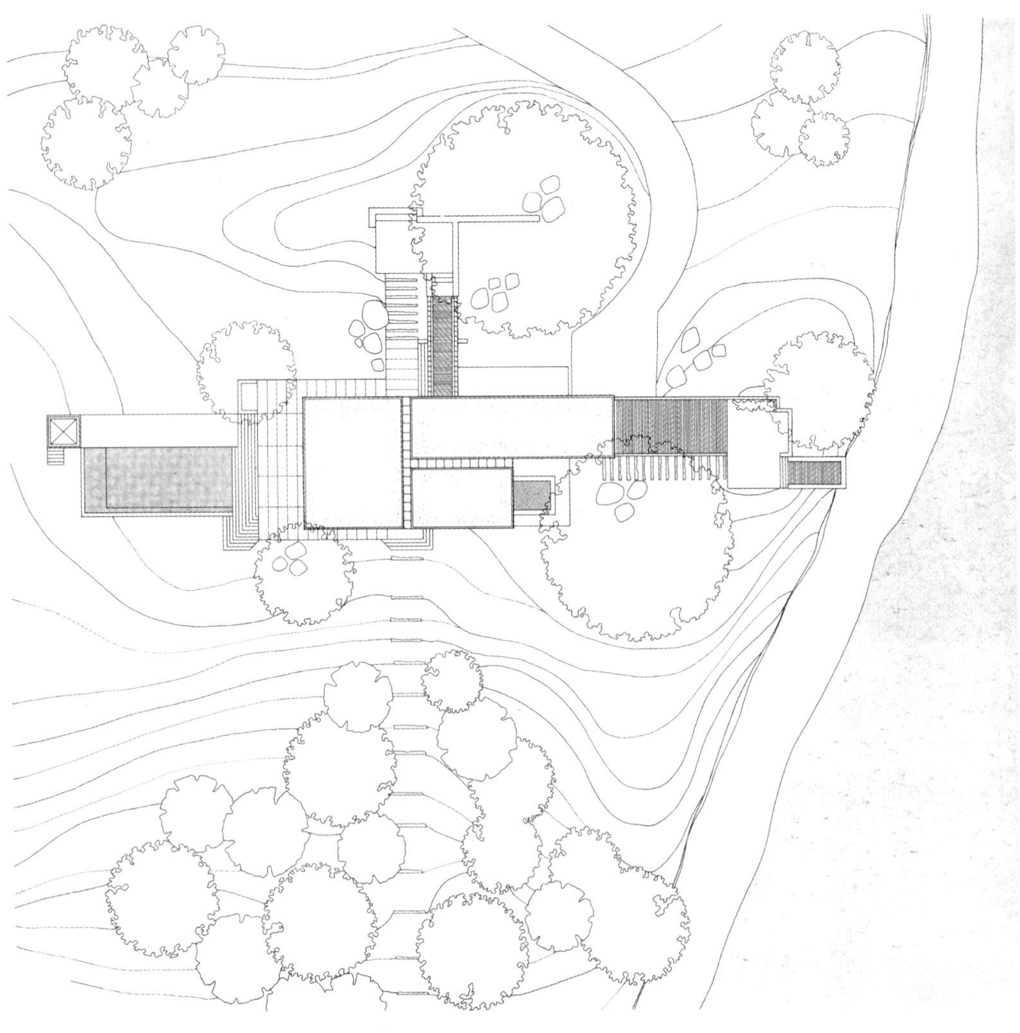

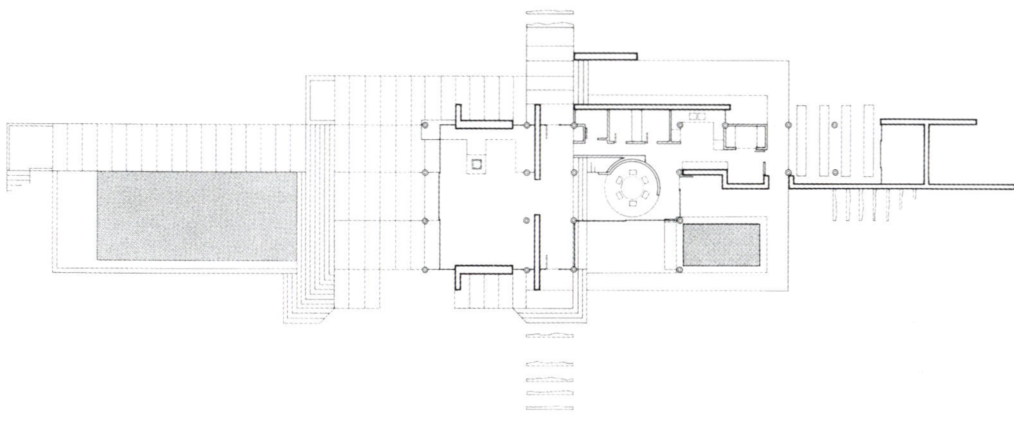

首层平面图

Filberg 住宅的全景，部分的建筑似乎是埋在地下的。摄影：Geoffrey Erickson

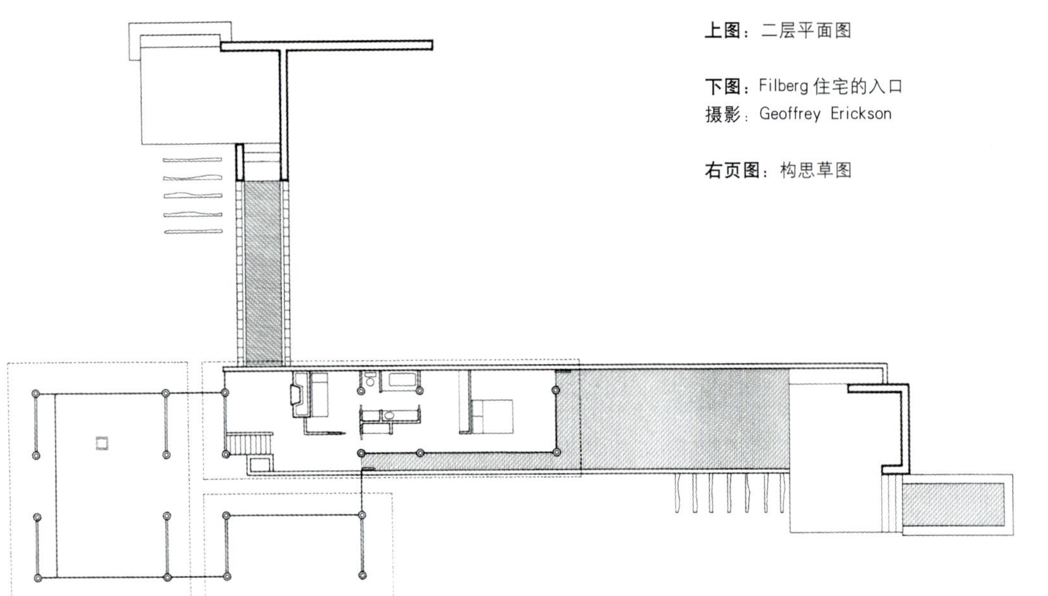

上图：二层平面图

下图：Filberg 住宅的入口
摄影：Geoffrey Erickson

右页图：构思草图

Filberg 住宅是一个孤立的建筑，距离所有的自然因素，比如海洋、冰川以及山脉都有相当远的距离。拥有两个卧室的住宅位于风景优美的 Comox 僻静海岸旁高达 60m 悬崖的顶部沙丘之上。建筑物位于悬崖的顶部，俯视不列颠哥伦比亚省著名的内陆海——乔治海湾，背靠 Comox 冰川，侧翼一边为延伸至海滩的树林，另一边是沿着乔治海湾延伸高耸的海岸山脉。

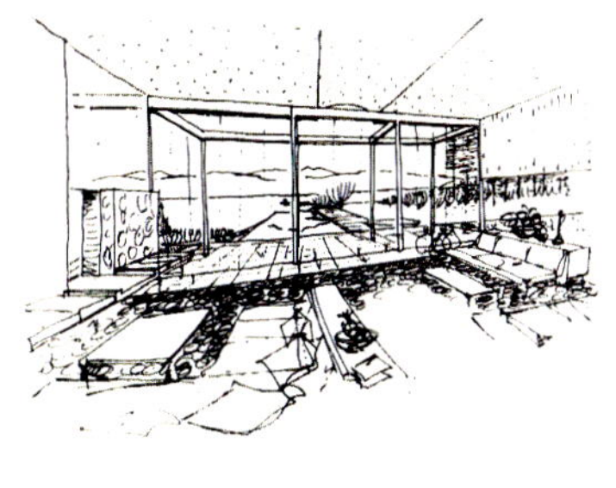

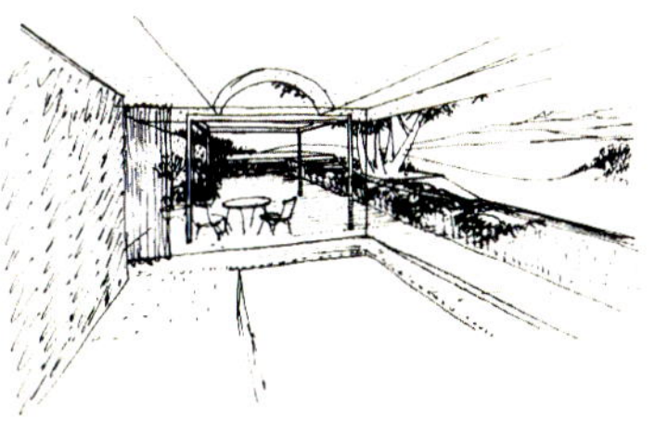

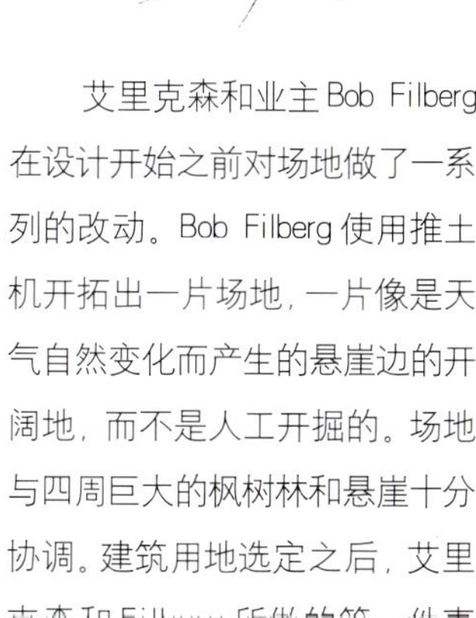

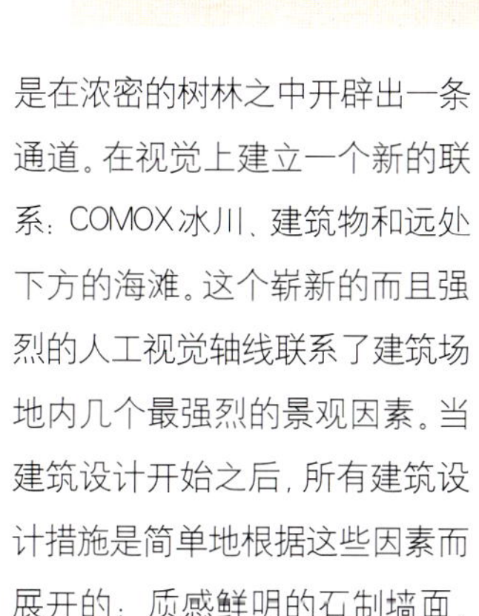

艾里克森和业主Bob Filberg在设计开始之前对场地做了一系列的改动。Bob Filberg使用推土机开拓出一片场地，一片像是天气自然变化而产生的悬崖边的开阔地，而不是人工开掘的。场地与四周巨大的枫树林和悬崖十分协调。建筑用地选定之后，艾里克森和Filberg所做的第一件事是在浓密的树林之中开辟出一条通道。在视觉上建立一个新的联系：COMOX冰川、建筑物和远处下方的海滩。这个崭新的而且强烈的人工视觉轴线联系了建筑场地内几个最强烈的景观因素。当建筑设计开始之后，所有建筑设计措施是简单地根据这些因素而展开的：质感鲜明的石制墙面、柱子和木质屏障强调出空间的流动性，天窗的设计则扩展了建筑开口的高度。住宅外部空间的组合也同样反映出场地的特色。位于悬崖之上的是一个阳台，宽阔的台地仿佛是冰川的延伸。石铺地的平台位于枫树林台地之上，一个短小的楼梯平台则位于通向悬崖的坡道之上。

与其说Filberg住宅是一个家庭居住的场所，不如说是一个豪华的隐居处，一个放松和娱乐的乡间别墅。Filberg住宅所要表达的是如诗般的地中海式巴洛克风格：豪华，丰富，风格优雅以及具有无拘无束的想像力。

Filberg住宅设计有地中海

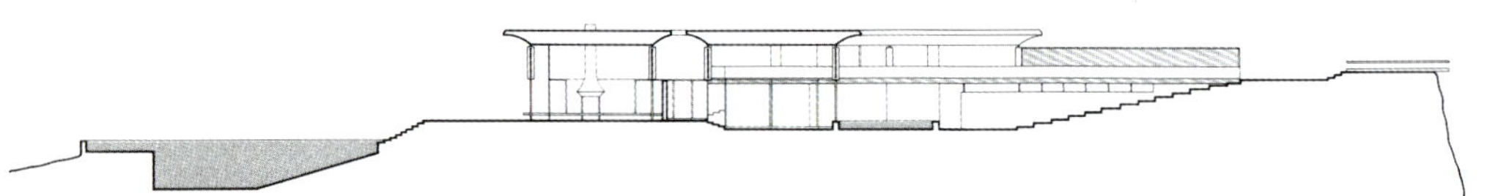

上图：剖面图

下图：住宅细部，摄于20世纪70年代，照片来源：艾里克森建筑设计事务所

式的光线组合和韵味，屋顶的曲线可以使进入室内的光线更加柔和。镂空的细致木屏障和隔栅可以进一步缓和光线，白色的地板面也可以进一步改善室内光的组合。所有的措施是有作用的，即使在最阴暗的天气下，Filberg住宅的内部也有足够的自然光。

进入建筑，人必须绕过位于巨大的枫树林下方的台地，才可以看到住宅。高大明亮的厅是Filberg住宅的各条轴线的中心，一侧是起居室的空间以及更远处的可以眺望海湾和冰川的院落，而另一侧是一个开阔的可以俯视悬崖的院落。住宅的铺地由室内一直延伸至室外，并与室外景观联为一体。Filberg住宅的建筑构件由内向外逐渐与景观融为一体。从玻璃幕墙、木格栅、石墙面、屋顶、铺地和庭院由内向外层层推进，层次分明。住宅的所有建筑构件都以柔和的形态与场地特点相结合，没有任何的突兀，以一种平稳的状态开始，并且以一种自然缓和的形态结束，甚至远处的自然景观也仿佛是住宅的一部分。Filberg住宅像是仅有部分被发掘的自然产物，大部分还埋于地下。即使在建成的数十年之后，人们经常还会问："建筑何时才能完工？"

建筑构件由不同质感的材料组成：细致的建筑屏障物，大面积的粉色花岗岩墙面，弧线型的顶棚以及使用在暴露木构件中的黄色杉木。总的来说，Filberg住宅是一个欢庆自然的场所：散布鲜花的草地，幽深的树林，遥远的冰川，古老的枫树林，橡树以及点缀鸟巢的崖壁。所有的这一切都可以从住宅"相机的取景框"中一一被发掘。

中间图：面对海岸的建筑立面上带有东方韵味的装饰细部
摄影：Geoffrey Erickson

上下图：室内和带有天窗的曲线屋顶细部
摄影：Geoffrey Erickson

HILBORN 住宅

建造地点：剑桥市，安大略省，
加拿大

建造年代：1970 年

“有时候，我怀疑业主找我做设计，并不是因为我是个好建筑师，而是因为建筑的现场条件特别困难无法掌握，或者是有不同寻常的吸引力。”

——艾里克森

Hilborn 住宅位于典型的安详平和的加拿大东海岸安大略省的乡村，建筑用地内的自然景观具有典型的北美东海岸特色，沿着布满松树和枫树的平缓山坡向下，一块狭长的台地距离河岸有 18m 的距离。

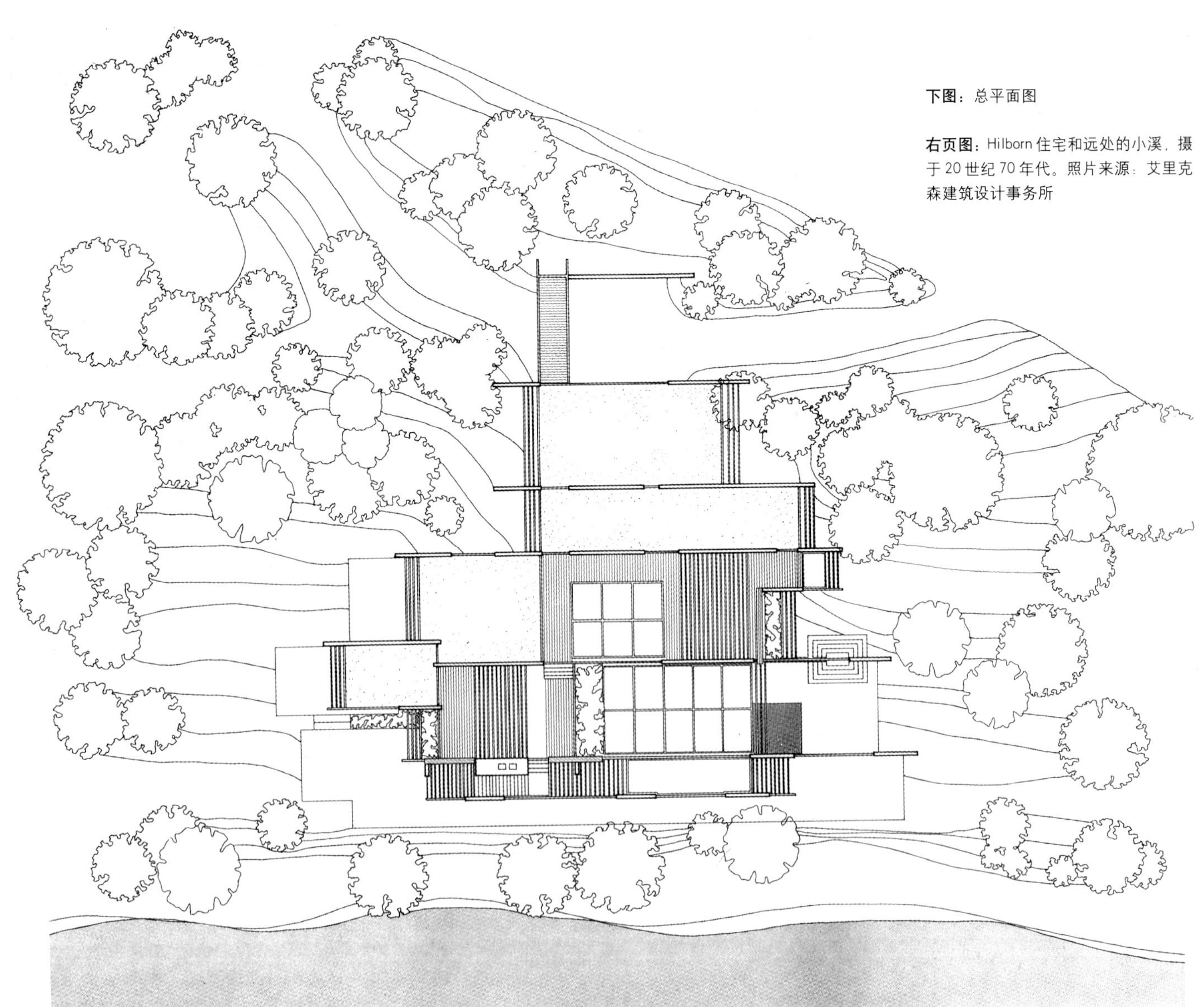

下图：总平面图

右页图：Hilborn 住宅和远处的小溪，摄于 20 世纪 70 年代。照片来源：艾里克森建筑设计事务所

与北美的其他城市一样，位于东岸的安大略省的历史比位于西岸的卑诗省的历史更悠久，城市的形态更成熟。建筑所展现的形态也与艾里克森在西岸的住宅不同。竖立的墙体由砖砌成，支撑与现场地形相协调的一组平台，水平的屋面板以及沿着山丘向上的支架。除此之外，整个建筑其他部分都是玻璃。

住宅的出入口有两个明显的方向指引：一个向下进入支撑上部花园的屋顶；另一个是

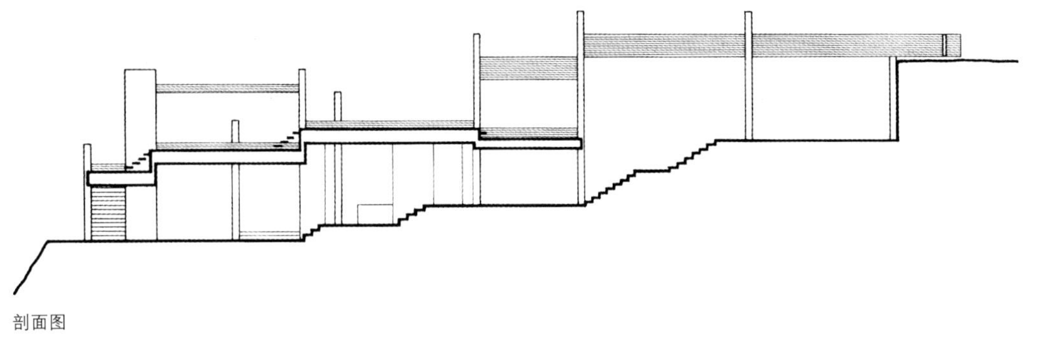

剖面图

右页左上图：室内，摄于20世纪70年代 照片来源：艾里克森建筑设计事务所

右页左下图：铅笔草图，Hilborn住宅建筑的基本构思是业主在机场与艾里克森确定的，最初构思是画在一个信封的背面

右页右下图：俯视住宅的结构，后期的西北太平洋住宅似乎是受到Hilborn住宅的影响，只是Hilborn住宅运用砖作为建筑材料，这在艾里克森的建筑中不常见，摄于20世纪70年代。照片来源：艾里克森建筑设计事务所

院落空间由层层跌落的构件围合，摄于20世纪70年代。照片来源：艾里克森建筑设计事务所

沿山丘的阶梯向下，穿过一系列长长的横向隧道空间，进入花园。隧道的顶棚是由与砖宽度相同的木板组成。墙体是连续不间断的，一直到最后一个花园与树林融为一体。顶棚不时的被透明的屋顶和游泳池贯穿。廊柱和支架的设置超越了住宅建筑的范围，并逐渐的与景观融为一体，这个概念来源于建筑废墟中的残垣断壁。这些建筑构件被称为“壁垒”，超越了普通的时间概念，有一种独特的趣味：建筑的构件不知什么部位已经建成，什么部位将要沉入地下。即使在刚刚完工的时候，Hilborn 住宅也是已经像是建造了很久的建筑物。

KAISER 中心医院

建筑地点：BALDWIN 公园，加利福尼亚州，美国

建造年代：1988—1994 年

建筑规模：600 床

Kaiser 中心医院的建筑分为三期完成，第一期工程包括医生办公室和停车场，于1991年完工。于1993年竣工的600床医院建筑和更多的停车空间是第二期工程。最后的医生诊所于1994年完成。Kaiser 中心医院位于加利福尼亚州的主要高速公路附近，4层高的停车库设施隔绝来自高速公路和街坊道路产生的交通噪声。这种平面结构屏蔽了用地的三个方位，围合成一个安静的内向花园。

医院的主体——600 床住院建筑物位于花园的湖水的中央，提供了一个凉爽、清新的区

总平面图

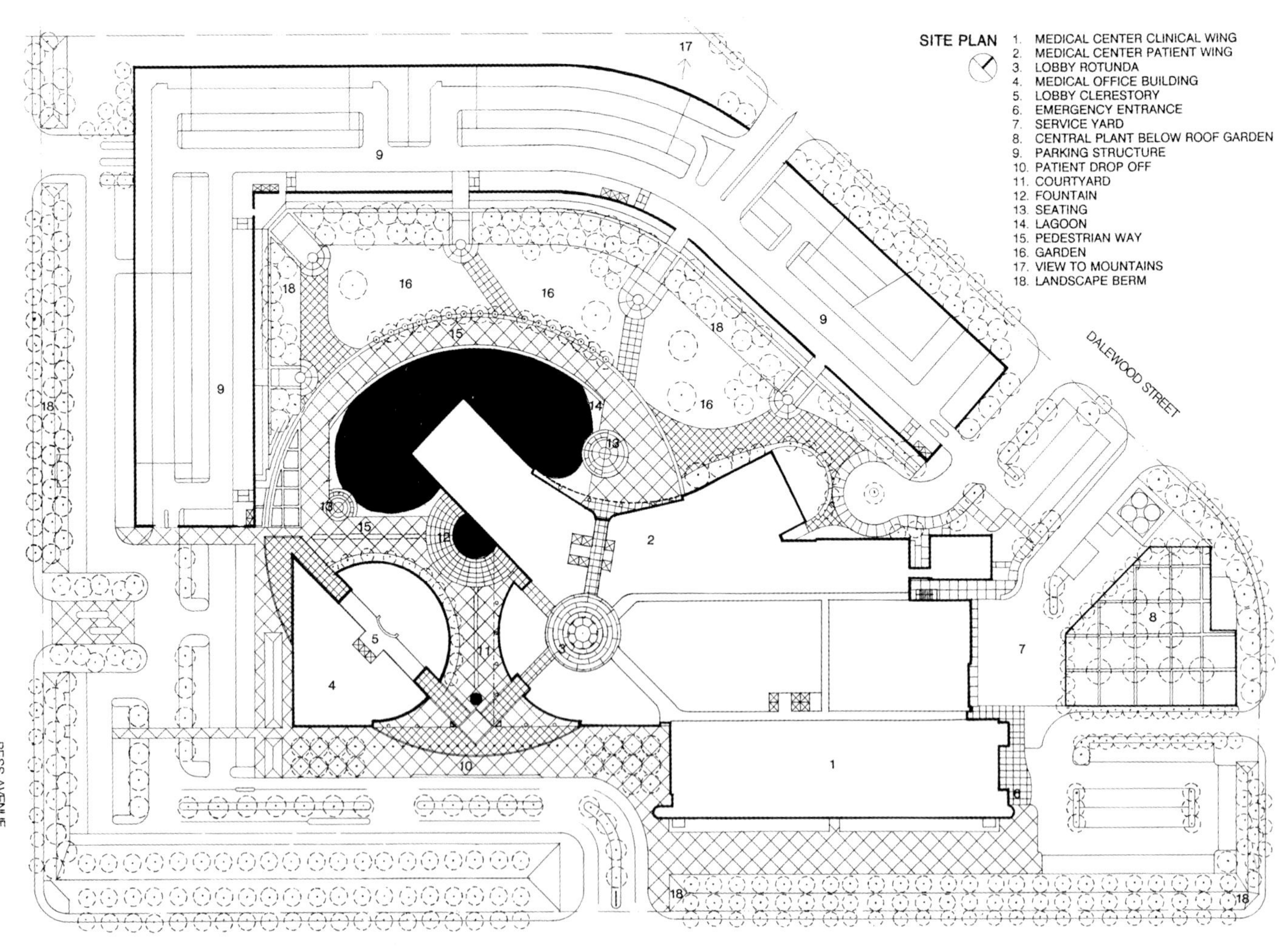

域，和病人漫步的场所。停车楼的旁边种植着绿色的植物，茂盛的葡萄藤和支架缓和了建筑物之间和建筑物与场地之间的冲突。主体建筑与自然相亲近。医院和诊所的建筑方位和形态都不相同，使用者不会混淆，也不会因为陌生而迷路。

建筑外墙是银色金属板材，点缀着黄色、绿色或者是深红色的材料以强调和区分空间以及不同的用途。室内的色调运用了同样的用色理念：当需要区分安静空间和愉悦空间时，轻快明亮的颜色和中性温和的颜色对比效果十分显著。

Kaiser 中心医院的院落和绿色的主体建筑。摄影：Geoffrey Erickson

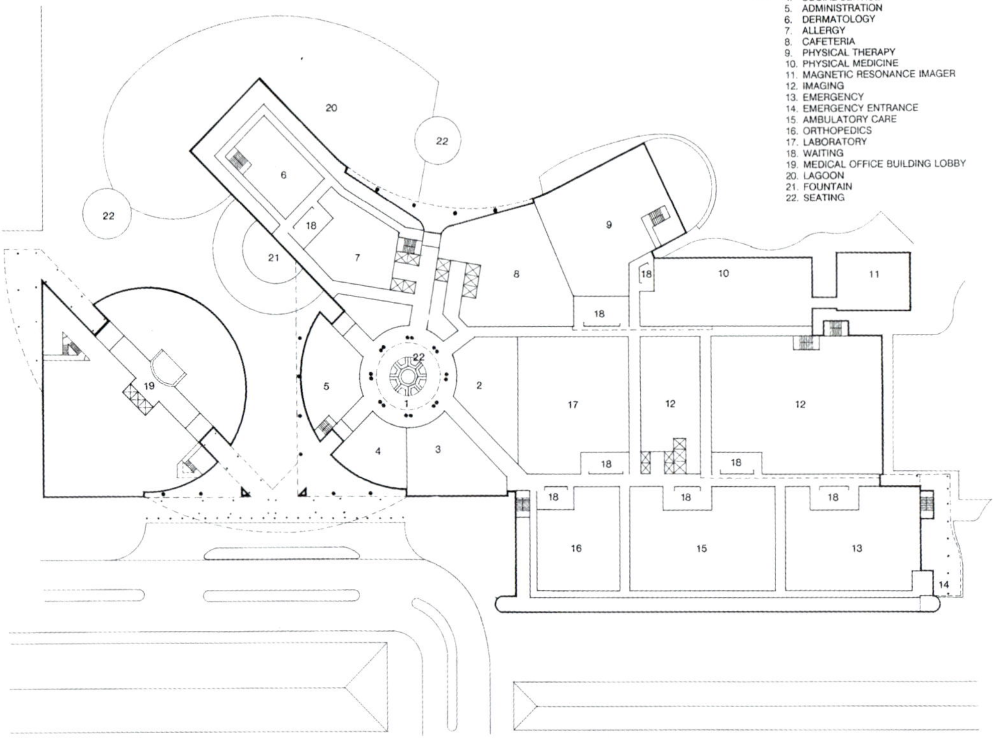

FIRST FLOOR PLAN

1. MEDICAL CENTER LOBBY
2. PHARMACY
3. NEUROLOGY
4. SOCIAL SERVICE
5. ADMINISTRATION
6. DERMATOLOGY
7. ALLERGY
8. CAFETERIA
9. PHYSICAL THERAPY
10. PHYSICAL MEDICINE
11. MAGNETIC RESONANCE IMAGER
12. IMAGING
13. EMERGENCY
14. EMERGENCY ENTRANCE
15. AMBULATORY CARE
16. ORTHOPEDICS
17. LABORATORY
18. WAITING
19. MEDICAL OFFICE BUILDING LOBBY
20. LAGOON
21. FOUNTAIN
22. SEATING

上图：首层平面图

下图：入口和颜色鲜明的入口灰空间

摄影：Geoffrey Erickson

中下图及右页图：建筑造型细部

摄影：Geoffrey Erickson

水幕住宅——艺术家工作生活两栖建筑

建 造 地 点：温哥华市，不列颠哥伦比亚省，加拿大

建 筑 规 模：6000m²

建 造 年 代：2001 年

合作建筑师：Nick Milkovich 建筑设计事务所

总平面图

位于温哥华的Granville岛是一个环境优美的商业区。二战之后的开发中，城市景观设计在建筑规划中创造性地运用，使 Granville岛这个与温哥华市中心仅几步之遥的区域赢得国际声誉。数十年后，Granville岛的艺术氛围和众多的艺术家使其成为旅游者的必到之处。水幕住宅的位置位于这个著名商业区的边缘，主要的服务目标是为这些艺术家提供生活和工作两栖空间。

业主心目中的水幕住宅的主题是提供简洁而优雅的空间。住宅的特殊性质需要室内空间有最大化的自然采光和一种让使用者可以根据自身独特需要而设计的"空白区域"。业主希

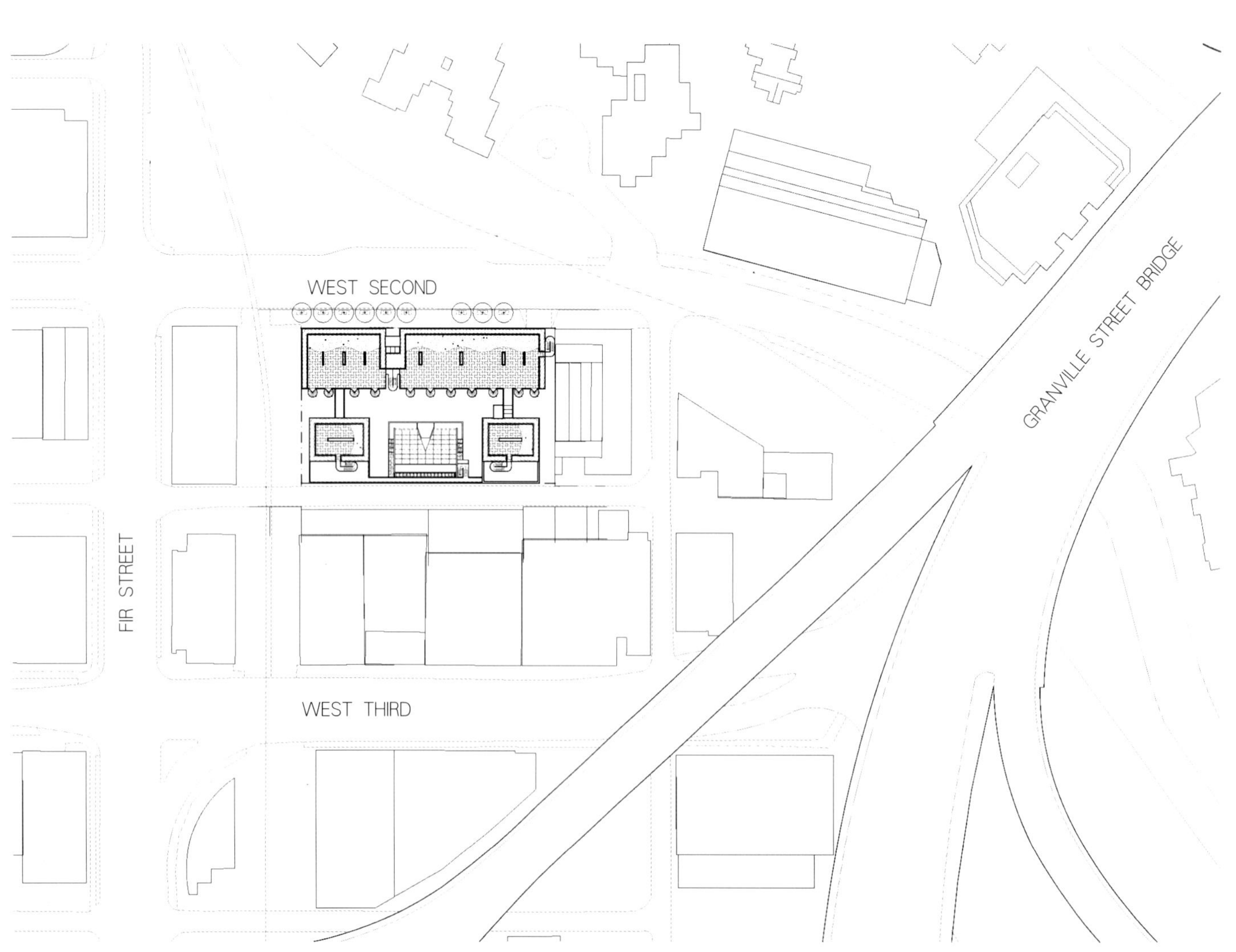

中央庭院俯视
照片来源：Nick Milkovich 建筑设计事务所

建筑标准层平面图

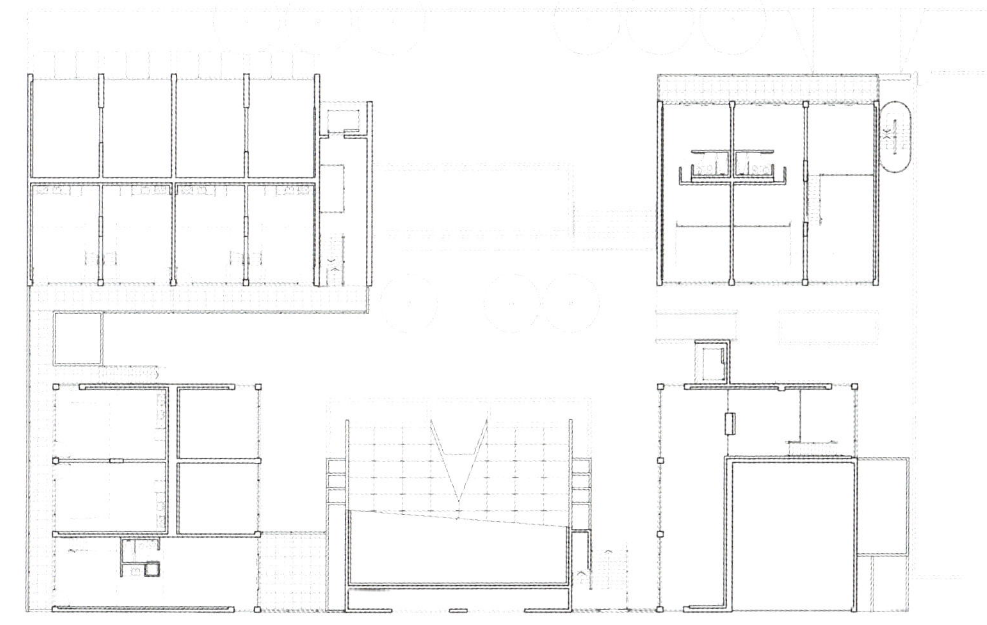

望在这个文化氛围浓郁的成熟社区，创造一种新的有内涵的"精神社区"。这正是所有居住单位围绕着一个通向街道的南向内庭院的原因。

水幕住宅包括艺术家工作生活两栖工作室，首层临街的零售空间，一个艺术品展览厅和地下两层车库。所有的工作室都是错层化设计的，每一个单位都有高达 4.9m 的室内空间，允许穿堂风通过。4.9m 高的工作室由平拉玻璃门通向阳台。大部分的单位都可以眺望温哥华的中心建筑群。由地面的斜坡将整个工作室建筑分为四块，并以这四部分作为庭院的界线。庭院和街道之间有宽达20m的开口。在开口弧形屋顶的中间是12m宽的水幕，细细的水幕聚集在下方的一个倒影水池内。这个水幕是整个住宅设计的重点，倒映水池的设置改变了庭院内部的光环境。两台观光电梯可到达位于屋顶的花园，这种设计建立了中央庭院和北面城市景观的动感联系。

开口的正对面是一个大玻璃幕墙的楔形艺术品展示厅。白色玫瑰花由两侧叠落，庭院铺地由混凝土、蕨类植物、苔类、樱桃树和草坪组成。整个住宅的建筑材料简单，朴素。建筑

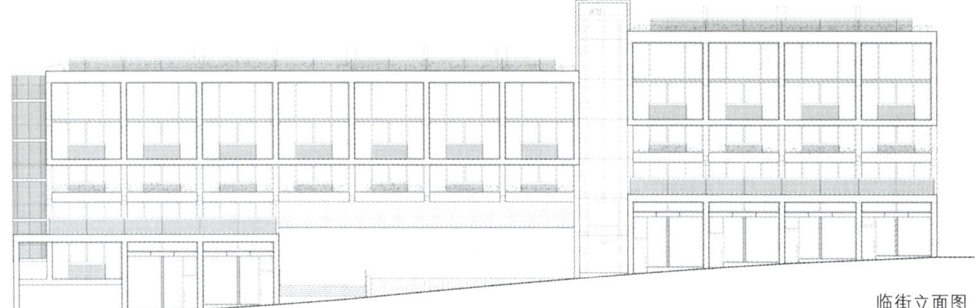

临街立面图

结构室内部分裸露。建筑物的完成面都具有粗糙的原始质感，大量的使用电镀钢材、不锈钢、钢丝网和素混凝土。在地面的抛光素混凝土之下，安装有辐射供暖系统。

左上及中上图：庭院和街道之间的水幕细部。照片来源：Nick Milkovich建筑设计事务所

右上图：室外旋转楼梯细部
照片来源：Nick Milkovich 建筑设计事务所

下图：庭院和街道之间缓慢滴落的水幕是建筑物的一个显著标志
照片来源：Nick Milkovich 建筑设计事务所

右页上图：大玻璃幕墙的楔形艺术品展示厅位于庭院的中央
照片来源：Nick Milkovich 建筑设计事务所

右页左下图：艺术品展示厅夜景
照片来源：Nick Milkovich 建筑设计事务所

右页右下图：艺术品展示厅和中央庭院之间的透明玻璃幕墙
照片来源：Nick Milkovich 建筑设计事务所

BALDWIN 住宅

建造地点：本那比市，不列颠哥伦比亚省，加拿大

建造年代：1965 年

用地规模：34m × 26m

Baldwin住宅位于温哥华低陆平原的本那比市鹿湖南岸。作为加拿大二战后梁柱式现代木结构建筑的杰出代表，Baldwin住宅是本那比市历史保护建筑中建造年代最近的一栋。住宅与平静无波浪的湖面由一个仿佛是"非法的"侵入湖面的木结构平台相连接，木结构平台是可供跳水和游泳的场所，以方便居住者享用鹿湖优越的自然条件。艾里克森的设计正是利用这个平台改变鹿湖湖畔的自然形态，使建筑的形态与

本页图：从湖滨的角度观看Baldwin住宅。摄影：John Baldwin

右页图：住宅角部细节
摄影：John Baldwin

环境相适应，更重要的是湖面与建筑的距离被拉近，湖面自然地成为住宅的生活圈的一部分。从环绕鹿湖的公园道路的各个角度观看，Baldwin住宅都与四周的自然景观亲切而和谐的相处。

Baldwin住宅的整体沿湖畔的自然坡道向下伸展，由街道层进入建筑的上部空间，直接进入一个屋顶平台和一个停车棚，向下则可以通向一个花园。花园由高大的竹科植物和其他灌木丛围合，具有良好的私密

本页图：道路一侧观看Baldwin住宅以及远处的鹿湖
摄影：Steven Zhen Wang

右页图：Baldwin住宅雪景
摄影：John Baldwin

性，是进入住宅主要活动区的出入空间。建筑上，Baldwin住宅分为两部分，其高差有区别。主卧室，餐厅和厨房位于桌球室和服务用房的上方；起居室和书房则为另一部分，游戏室和儿童卧室则位于起居室和书房的下方。所有的房间之间都有高差，比如餐厅就是高于起居室的。

Baldwin住宅为简单的梁柱结构，没有过多的建筑装饰，建筑材料的自然质感在Baldwin住宅的各个部分得到充分的表现。光滑通透的玻璃和质感粗糙的木材的使用，麻制的地毯，木工的构造和地面材料的运用以及墙面材料的组合都相互协调，使Baldwin住宅室内与鹿湖的湖滨自然景观融为一体。这正是艾里克森所强调的建筑与环境的平衡与和谐，而不是简单的偏重任何一方。

常青大厦

建造地点：温哥华市，不列颠哥伦比亚省，加拿大
建造年代：1982 年

常青大厦是位于温哥华市中心的海岸边的多层办公建筑。艾里克森没有将建筑处理为一个传统的直上直下严肃的办公建筑的形象，锯齿形的阳台设计戏剧性的改变了建筑的形象。绿色的植物从阳台上伸展出来，建筑的整个边缘被柔性化。建筑的整体是一个向后逐渐退缩阶梯式的形态，向内收缩的形

左页图：由煤矿码头社区中心仰视常青大厦，锯齿形的阳台与绿色的植物相结合的建筑形象十分独特
摄影：Geoffrey Erickson

右图：锯齿形的阳台设计提供了更多的室外空间。摄影：Geoffrey Erickson

上图：坚硬的混凝土和光滑的玻璃表面材料对比。玻璃窗反射出温哥华海滨煤矿码头社区高层建筑群的影像，而沿阳台种植绿色的植物缓和了混凝土和铁质栏杆的坚硬和冰冷的感觉
摄影：Christopher Erickson

左下图：常青大厦的建筑模型。由于近年煤矿码头社区建筑的急速发展，常青大厦也面临着被改造为居住公寓甚至是拆除重建的威胁
摄影：Christopher Erickson

右下图：同时透过开敞的玻璃窗，可以观赏温哥华海滨游船和史坦利公园的森林。摄影：Christopher Erickson

右页图：落地玻璃窗提供了室内充足的阳光。摄影：Christopher Erickson

体削减对四周的建筑的冲击。今天，温哥华海滨蓬勃发展的高层建筑群在体量上淹没了常青大厦，但是在温哥华市中心海滨高层建筑环绕的煤矿码头社区，常青大厦的形象还是与众不同的。

KEEVIL 海滨度假屋

建造地点：Savary岛，不列颠哥伦比亚省，加拿大

建造年代：1978年

Keevil海滨度假屋位于加拿大不列颠哥伦比亚省的荒凉的海岛之上，优美的海边环境是一个远离城市喧嚣的场所。整个建筑所表现的是单纯的形体和平静的外表。虽然没有太多的装饰，这个海滨度假屋仍不失为一个优雅的建筑小品。

左页图：夕阳下的Keevil海滨度假屋，沙滩上的漂流木在不列颠哥伦比亚省的海滨十分常见。摄影：Geoffrey Erickson

左下图：入口的结构构件，同艾里克森的其他建筑一样，简单而清晰
摄影：Geoffrey Erickson

右上图：夕阳下的室内外过渡空间
摄影：Geoffrey Erickson

右下图：木质的平台是室内空间的延伸也是室内外空间的交流
摄影：Geoffrey Erickson

后 记

写这本书是一件非常困难的事，有时候甚至连我自己都怀疑是否能完成这个工作。首先我要感谢亚瑟·艾里克森本人及其家人在写作的过程中给我的协助以及提供的精美图片：

感谢亚瑟·艾里克森以及其弟弟当·艾里克森(Don Erickson)和简（Jean）富有启发性的谈话；

感谢亚瑟·艾里克森的两位侄子杰夫·艾里克森（Geoffrey Erickson)和克里斯托弗·艾里克森（Christopher Erickson)兄弟提供精美的照片。

感谢Nick Milkovich建筑设计事务所在整个过程中的全力协助，特别是Nicole Milkovich女士以及Merle Ginsburg女士。

感谢蒙特利尔麦吉尔大学建筑学院的Mostafa Sabbagh，Reza Aliabadi，Leila—Marie Farah，Yafeng Yu（于亚峰），Nazli Salehi，Jesse Zheng以及Henk Rossouw在我最艰苦的时候给我的帮助以及坚持的动力。

感谢摄影家Kristopher Grunert（温哥华）给我使用其照片的机会以及在西温哥华实地拍摄的乐趣，

感谢温哥华的Maggie Zhang（章捷）女士在完成阶段的协助，

感谢加拿大住房贷款公司Nellie Cheng女士在项目开始阶段的协助，

感谢建筑师Wyn Bielaska（西雅图）提供参观以及拍摄玻璃博物馆的机会，

在写作过程中，很多朋友给我极大的支持和帮助：Cheryl Robbin（温哥华），Samule Day（洛杉矶），Ann Wang（王京玉，北京），Erick Zhang（张翎）以及Vicky Liu（刘江雯夫妇，广州），Leslie Agron（洛杉矶），Maxine Hurter（蒙特利尔），Gordon Kennedy（温哥华），Nicholas Kennedy以及Margaret Kennedy夫妇（多伦多），David Kennedy（多伦多），孙维小姐（上海），贾建南（上海），Janette Xiong（熊怡楦，广州）以及我的父母家人胡淑荣女士，王承福先生，崔洁，王钢和可爱的王格非（虽然我不是你的至爱）。

其他提供图片资料的包括：

John Baldwin提供的Baldwin住宅的照片，

Peter Buchanan（Stantec建筑设计事务所），

Ricardo Castro（蒙特利尔）。

Alan Bell（温哥华）

写作的过程是艰苦的，整个资料的收集和整理的过程长达两年之久。但是相当的一部分建筑由于篇幅和时间的原因没能收录在本书中不能不说是一种遗憾。当知晓艾里克森早年在西温哥华的住宅建筑有一部分正在面临改建甚至是拆毁的境地时，不禁有些感慨。艾里克森的坎坷经历和晚年的丧亲之痛，并没有击倒这位顽强的老人。作为一位建筑师，艾里克森仍然活跃在建筑界。2006年初，艾里克森成功地赢得了以其命名的艾里克森大厦的设计以及一栋位于温哥华市中心的超高层建筑的建筑设计，这一切都让我对艾里克森的理解和敬意更深一层。正像有人预见的一样，我得到的回报十分巨大——在对建筑和文化的理解上，在获得众多朋友的友谊上。

2006年7月8日深夜于温哥华